음·악·이·론·과·함·께·하·는

세광 계이름공부

9

중급편

세광음악출판사

음악 이론과 함께 하는
세광 계이름 공부는…

이렇게 만들게 되었습니다.

본 교재는 선생님께서 오선 노트에 일일이 써서 계이름을 가르치시는 수고를 덜어드리기 위해, 학원 현장에서 실험적으로 수년간 사용해 보고 이를 수정·보완하여 출판하게 되었습니다. 이제 이 교재로 배우는 어린이들은 스스로 계이름을 찾아 쓰는 동안 독보력과 탁월한 초견 실력을 얻을 수 있습니다. 아무쪼록 선생님께서 이 교재의 장점을 최대한 활용하여 좋은 결과를 보시기 바랍니다.

이렇게 꾸몄습니다.

모두 12권으로 이루어진 본 교재는 가온도를 중심으로 하여 위쪽과 아래쪽으로 음역을 조금씩 넓혔으며, 임시표를 포함하여 여러 조성에서의 음계와 3화음, 7화음, 코드 등을 익힐 수 있도록 꾸몄고, 계이름은 고정도법을 사용하여 초견으로 피아노를 연주하는 데 크게 도움을 줍니다. 또한 각 페이지마다 한 가지씩의 이론을 제시하고 여러 번 반복하여 학습할 수 있도록 하여 꾸준히 음악 이론을 배울 수 있습니다.

9 권 (중급편)에서 배울 내용은

- 가장조, 내림나장조의 주요 3화음 익히기
- 다장조, 사장조, 라장조, 가장조, 바장조, 내림나장조의 계이름과 주요 3화음 익히기
- 각 장조의 주요 3화음에 맞는 건반 익히기
- 각 장조의 주요 3화음에 맞는 화음 기호 익히기

저자 나 순 희

 다음 높은음자리에서의 **가장조 음계**를 똑같이 그리세요.

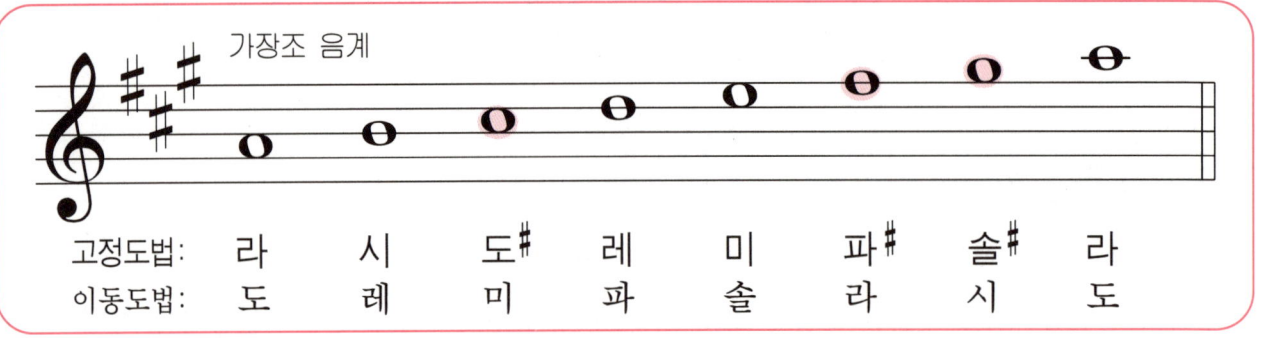

고정도법:

이동도법:

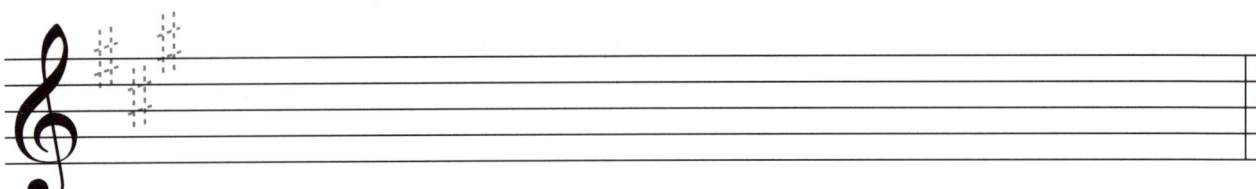

고정도법:

이동도법:

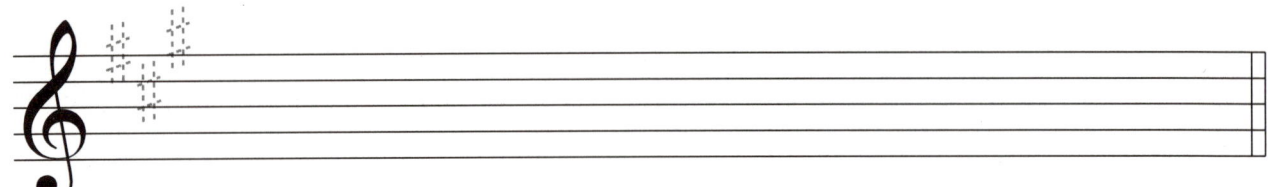

고정도법:

이동도법:

 똑같이 쓰면서 **가장조**를 익혀 보세요.

가장조의 조표는 **파, 도, 솔**에 ♯이 붙으며, 으뜸음은 **라**자리입니다.

4

 다음 **가장조**를 **고정도법**과 **이동도법**으로 계이름을 쓰세요.

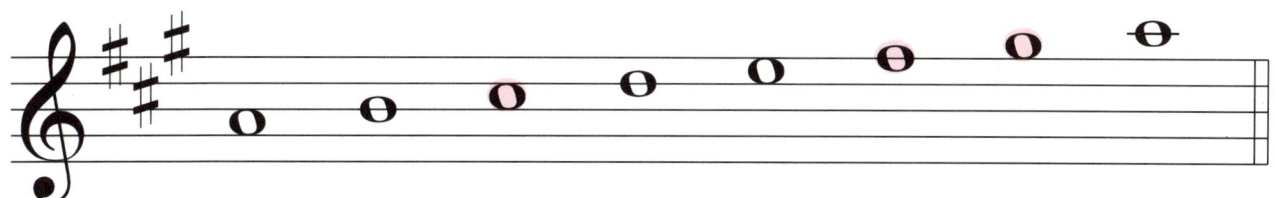

고정도법: 라

이동도법: 도

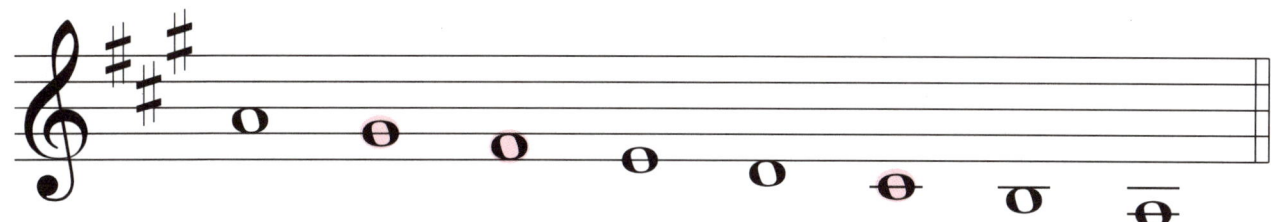

고정도법:

이동도법:

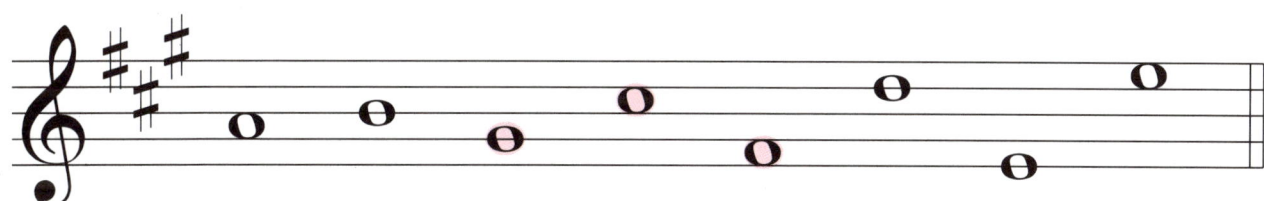

고정도법:

이동도법:

 **가장조**의 조표와 으뜸음을 보기와 똑같이 그리세요.

 다음 낮은음자리에서의 **가장조 음계**를 똑같이 그리세요.

가장조 음계

| 고정도법: | 라 | 시 | 도# | 레 | 미 | 파# | 솔# | 라 |
| 이동도법: | 도 | 레 | 미 | 파 | 솔 | 라 | 시 | 도 |

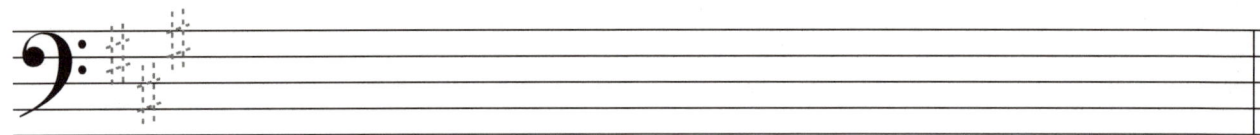

고정도법:

이동도법:

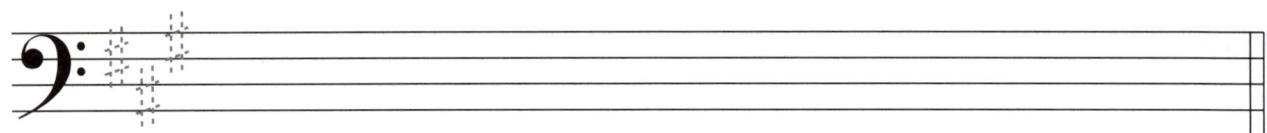

고정도법:

이동도법:

 **가장조**의 조표와 으뜸음을 보기와 똑같이 그리세요.

보기

조표 으뜸음

| 고정도법: 라 | 고정도법: | 고정도법: | 고정도법: |
| 이동도법: 도 | 이동도법: | 이동도법: | 이동도법: |

 다음 **가장조**를 **고정도법**과 **이동도법**으로 계이름을 쓰세요.

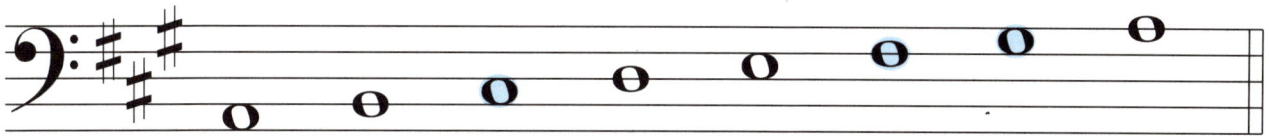

고정도법: 라

이동도법: 도

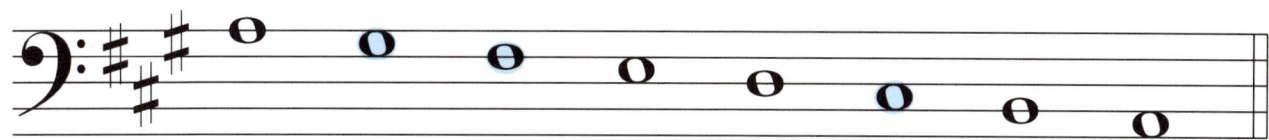

고정도법:

이동도법:

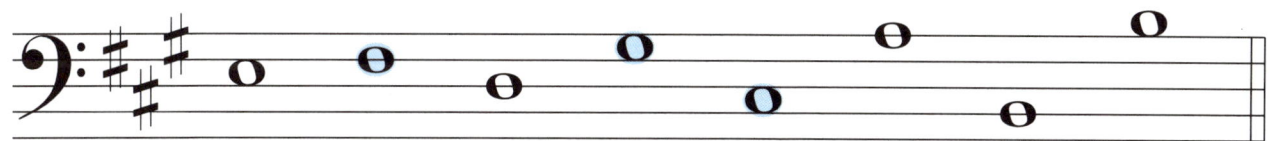

고정도법:

이동도법:

 **가장조 음계**를 보기와 똑같이 그리세요.

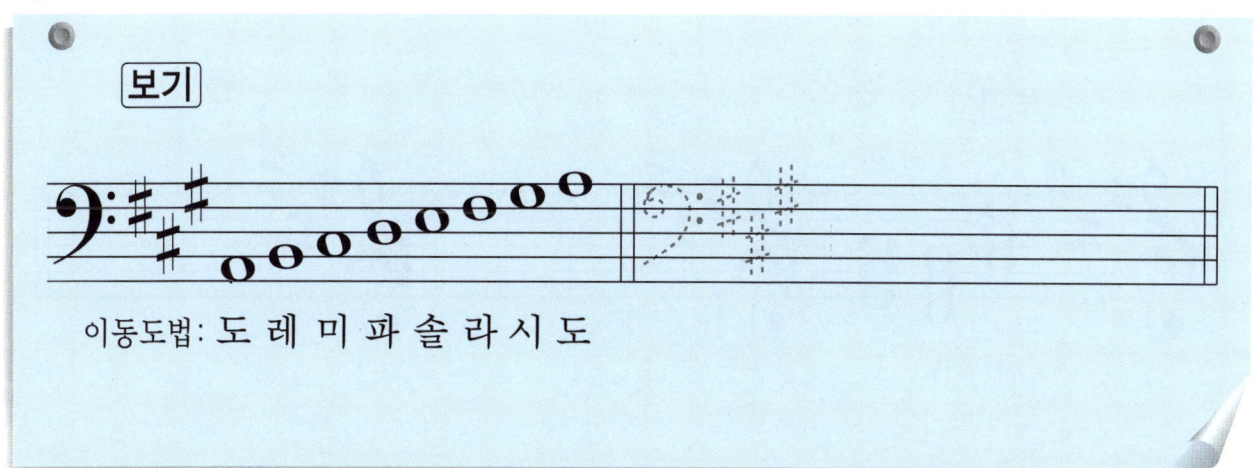

보기

이동도법: 도 레 미 파 솔 라 시 도

 다음은 **가장조**입니다. **고정도법**으로 계이름을 쓰세요.

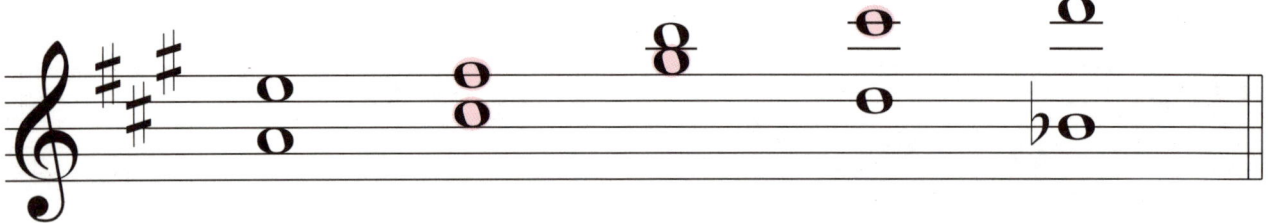

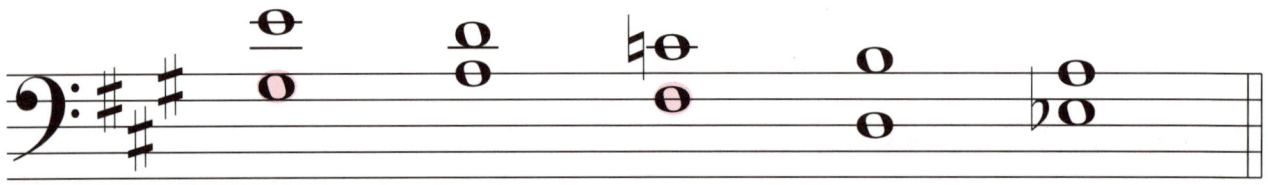

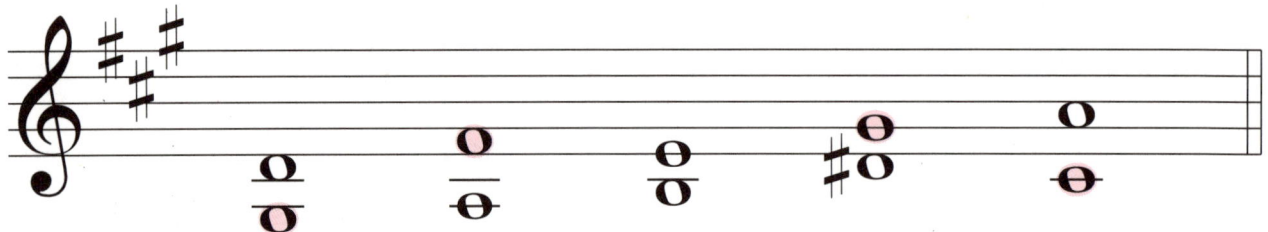

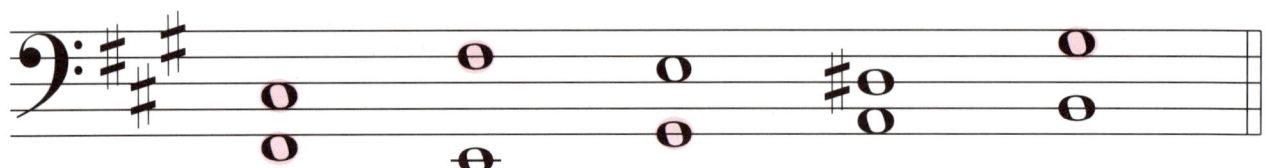

 **가장조**의 **주요 3화음**을 보기 와 똑같이 그리세요.

 **가장조의 주요 3화음**입니다. **고정도법**으로 계이름을 쓰세요.

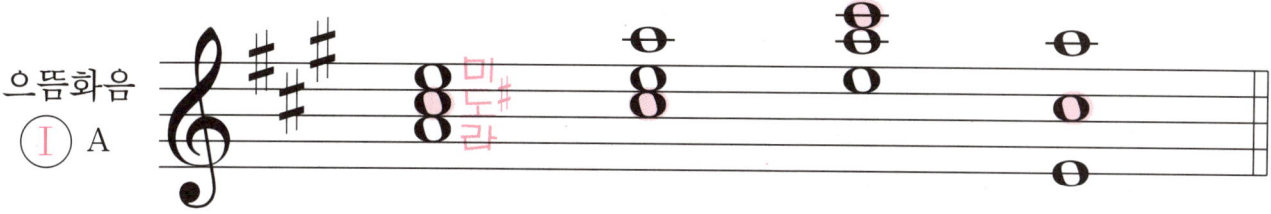

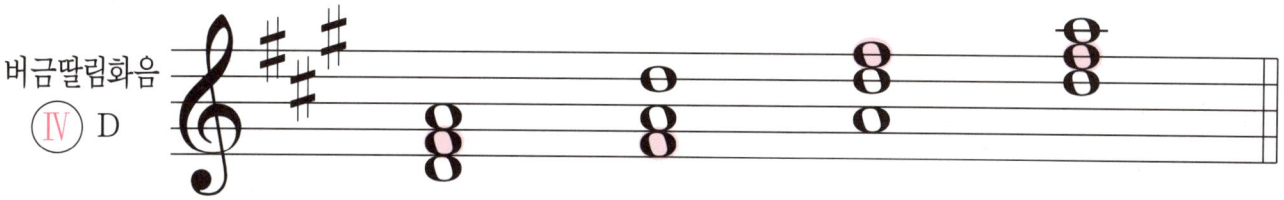

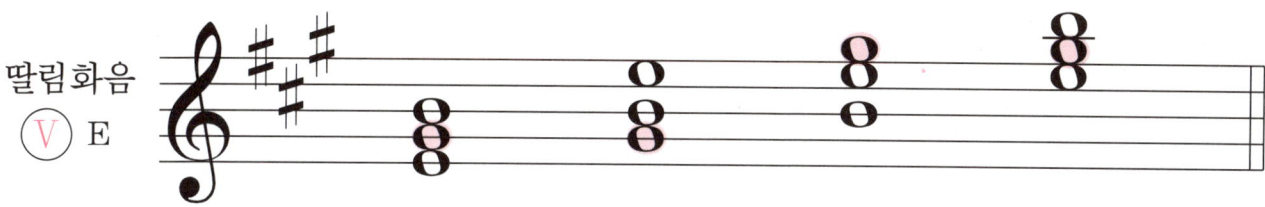

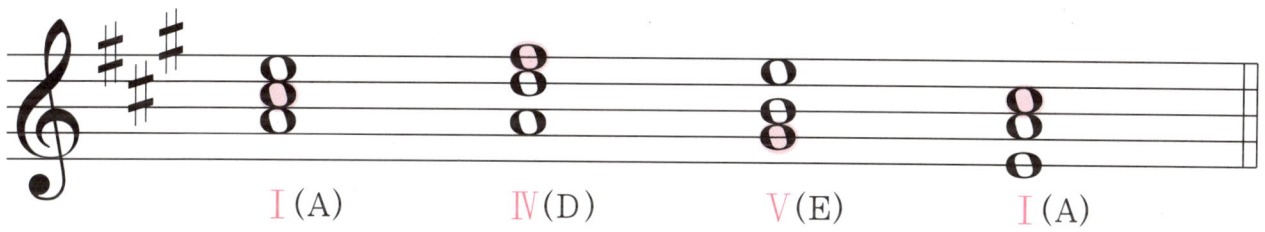

 **가장조의 주요 3화음** 옆에 맞는 **건반 번호**를 쓰세요.

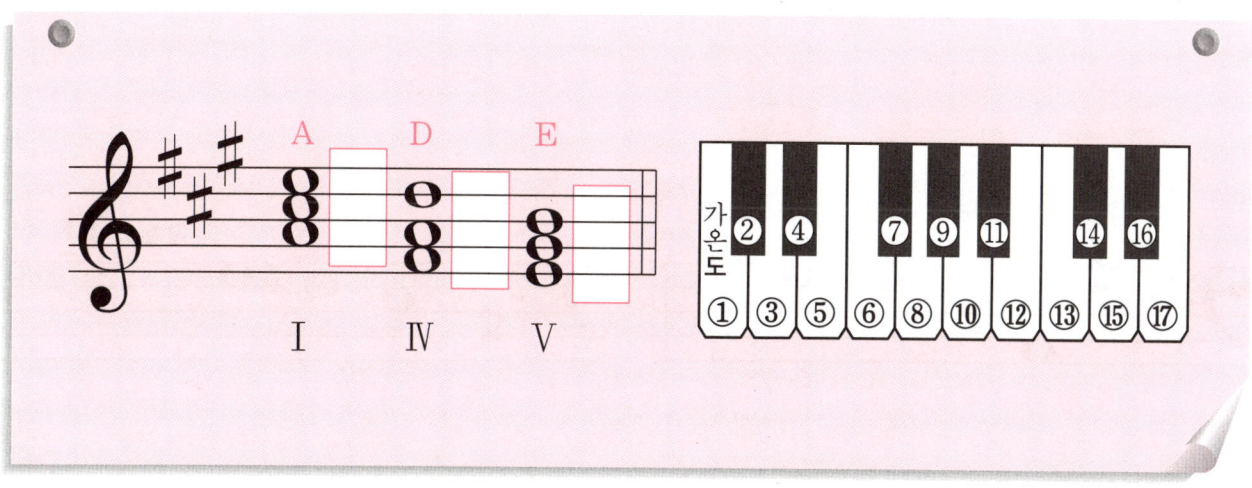

 계이름에 맞는 건반을 찾아 줄로 이으세요.

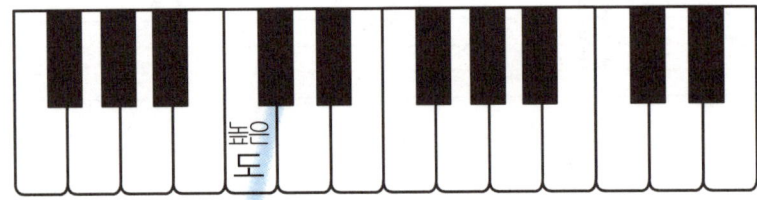

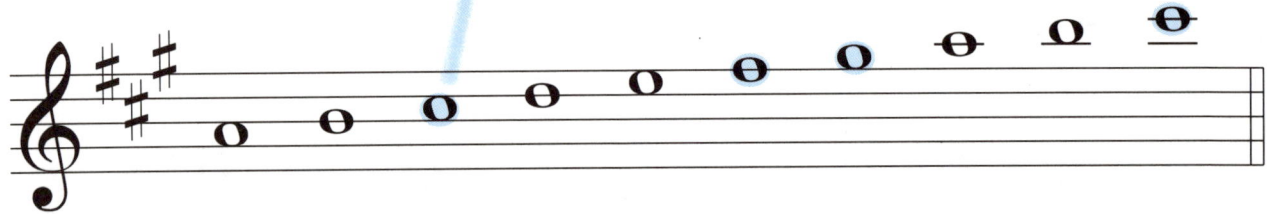

 계이름에 맞는 건반을 찾아 줄로 이으세요.

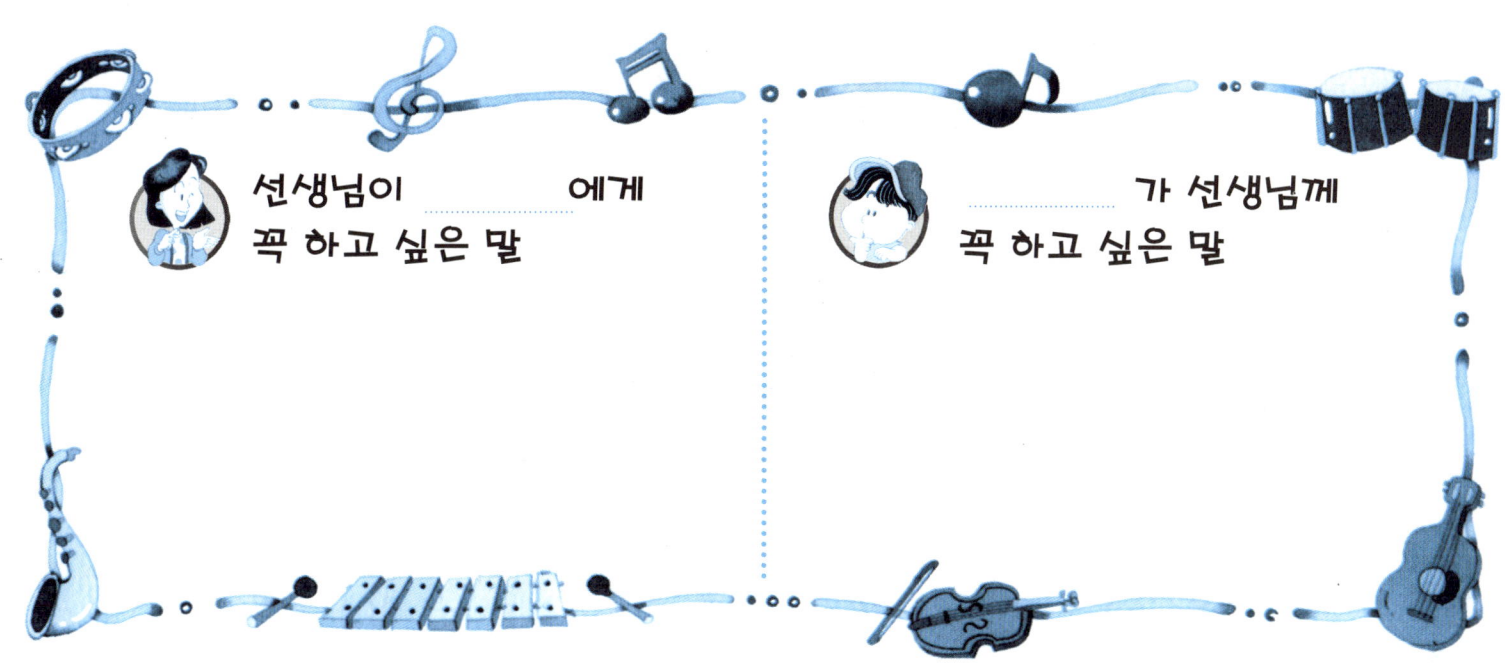

선생님이 _____ 에게 꼭 하고 싶은 말

_____ 가 선생님께 꼭 하고 싶은 말

나비들이 꽃을 찾아 날아 다닙니다. 꽃 안에 있는 화음에 맞게 **가장조**의 으뜸화음, 버금딸림화음, 딸림화음을 팻말에 쓰고, 나비가 어떤 꽃에 앉게 될지 선으로 이어 보세요.

 다음 높은음자리에서의 **내림마장조 음계**를 똑같이 그리세요.

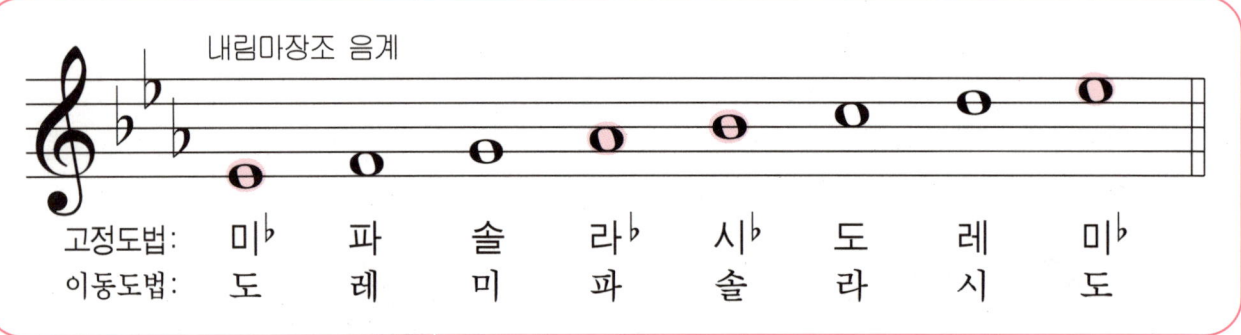

고정도법:	미♭	파	솔	라♭	시♭	도	레	미♭
이동도법:	도	레	미	파	솔	라	시	도

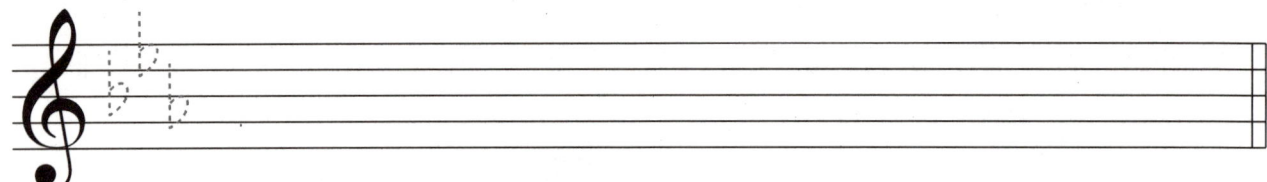

고정도법:

이동도법:

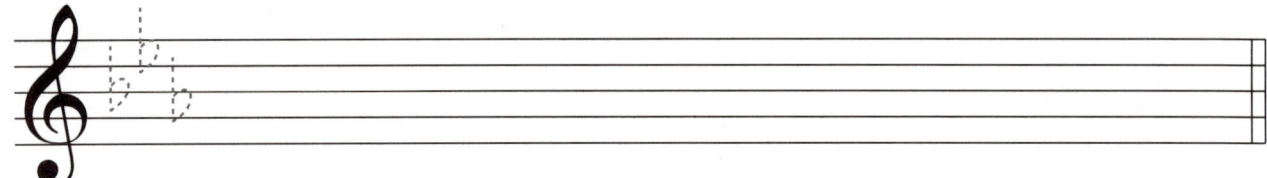

고정도법:

이동도법:

 똑같이 쓰면서 **내림마장조**를 익혀 보세요.

내림마장조의 조표는 **시,미,라**에 ♭이 붙으며, 으뜸음은 **미**♭자리입니다.

 다음 **내림마장조**를 **고정도법**과 **이동도법**으로 계이름을 쓰세요.

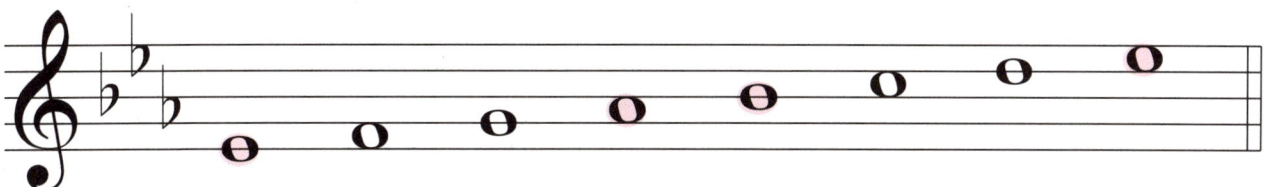

고정도법: 미^b
이동도법: 도

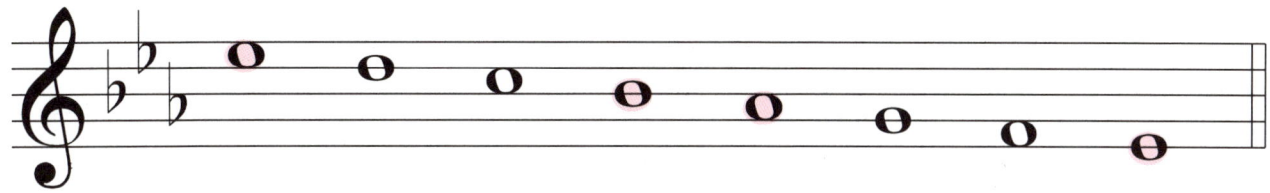

고정도법:
이동도법:

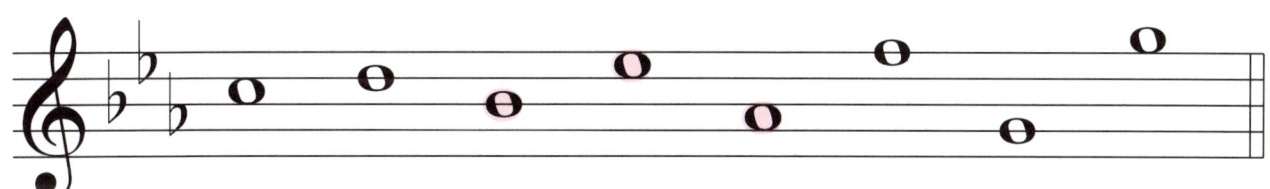

고정도법:
이동도법:

 **내림마장조**의 조표와 으뜸음을 보기 와 똑같이 그리세요.

보기			
고정도법: 미♭	고정도법:	고정도법:	고정도법:
이동도법: 도	이동도법:	이동도법:	이동도법:

 다음 낮은음자리에서의 **내림마장조 음계**를 똑같이 그리세요.

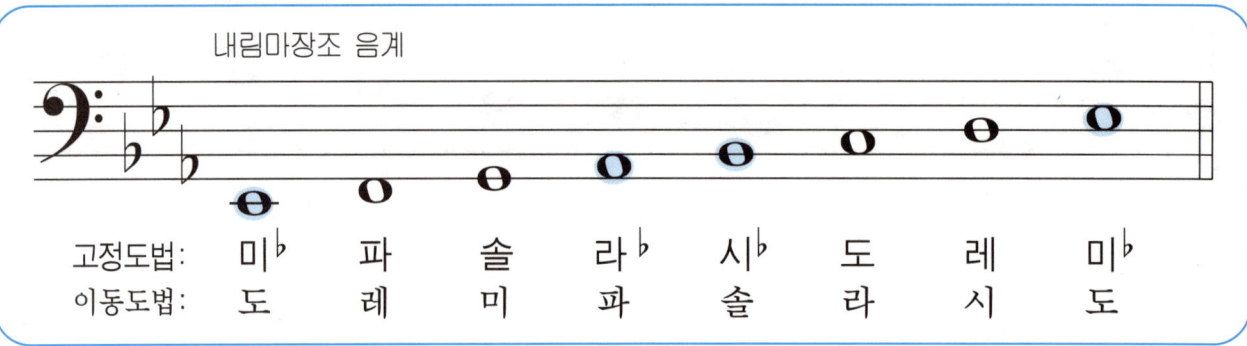

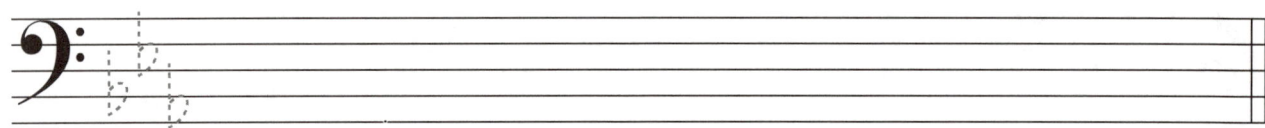

고정도법:

이동도법:

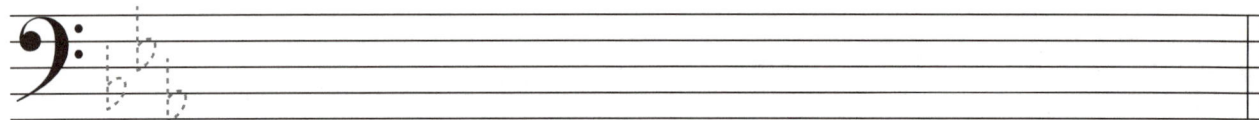

고정도법:

이동도법:

 **내림마장조**의 조표와 으뜸음을 보기와 똑같이 그리세요.

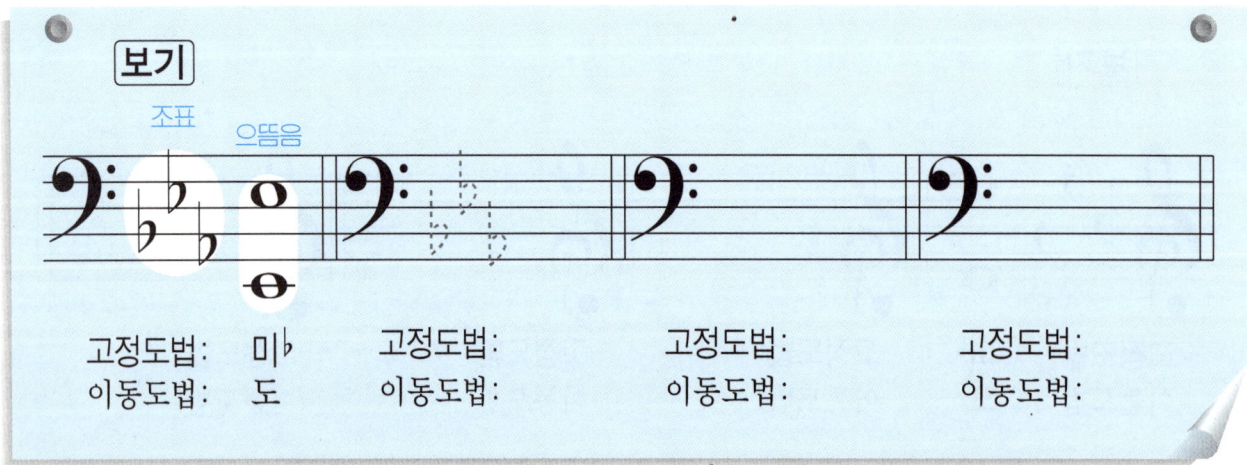

 다음 **내림마장조**를 **고정도법**과 **이동도법**으로 계이름을 쓰세요.

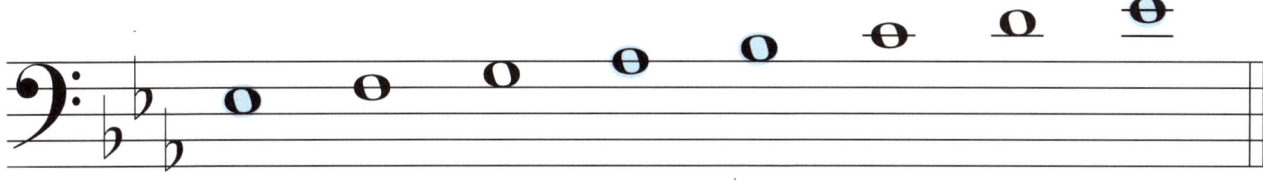

고정도법: 미♭
이동도법: 도

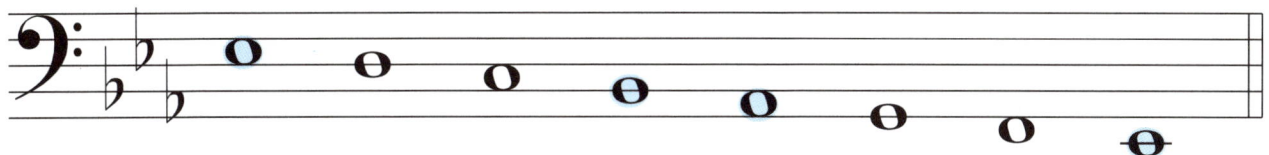

고정도법:
이동도법:

고정도법:
이동도법:

 **내림마장조** 음계를 보기와 똑같이 그리세요.

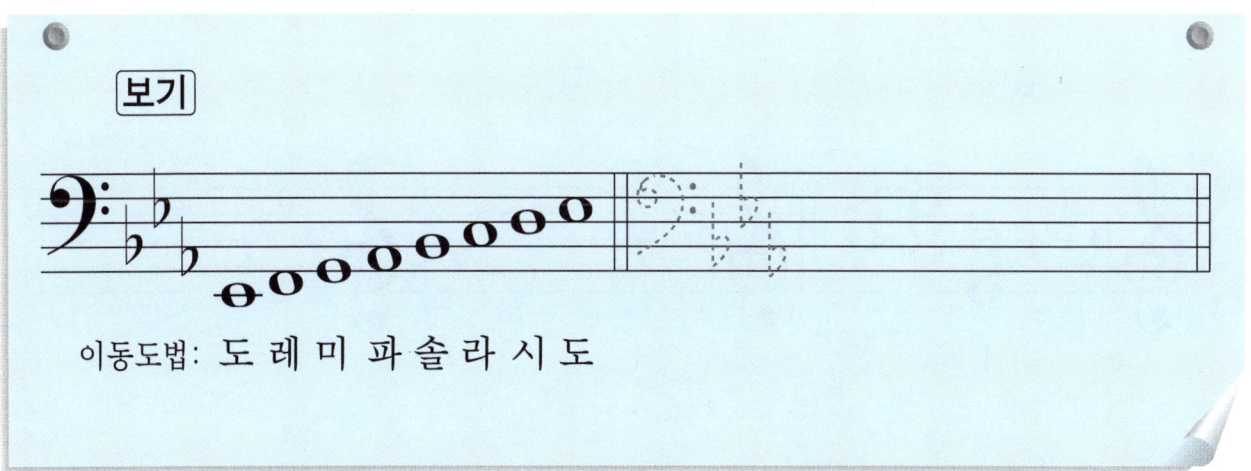

보기

이동도법: 도 레 미 파 솔 라 시 도

 다음은 **내림마장조**입니다. **고정도법**으로 계이름을 쓰세요.

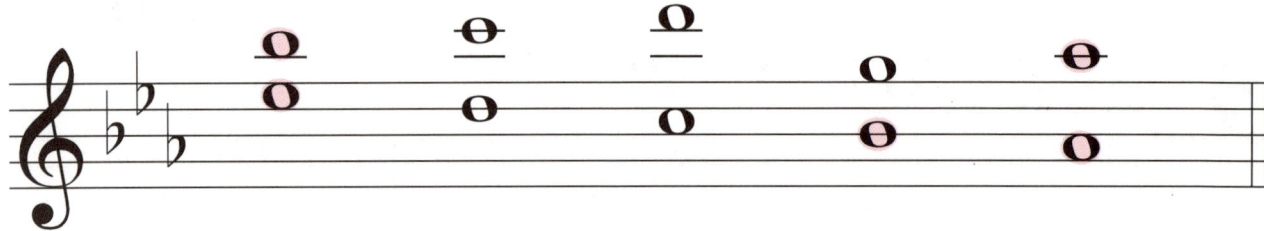

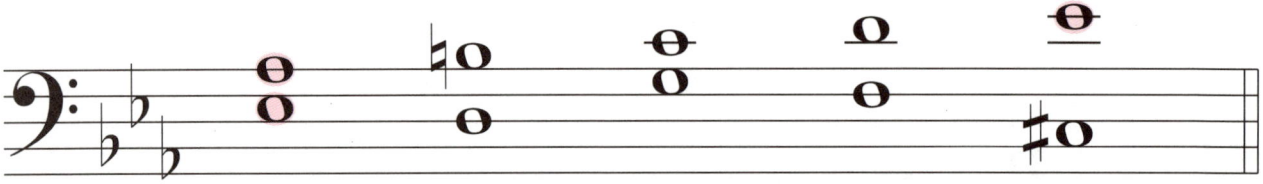

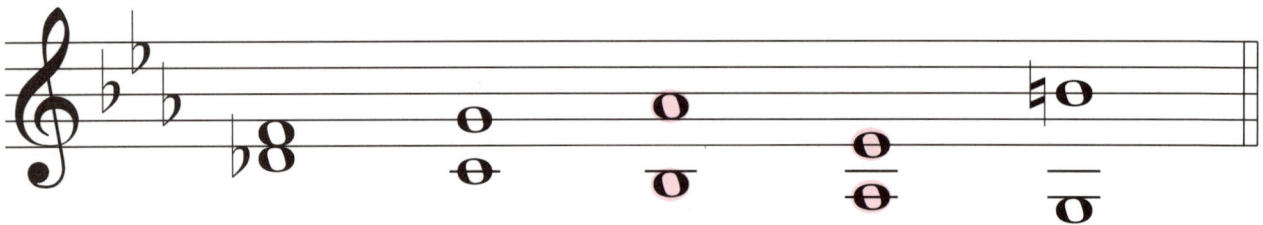

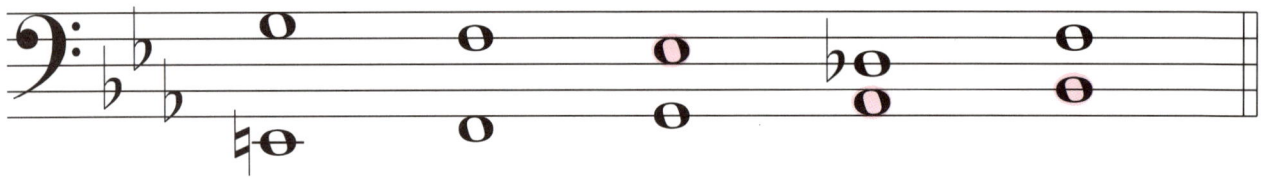

 내림마장조의 주요 3화음을 보기와 똑같이 그리세요.

 내림마장조의 **주요 3화음**입니다. **고정도법**으로 계이름을 쓰세요.

으뜸화음 ①

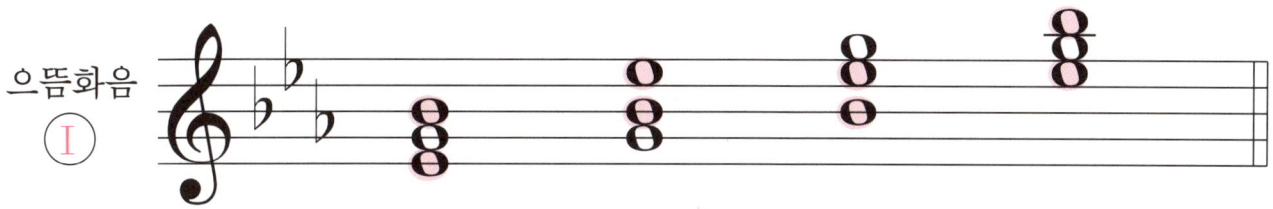

버금딸림화음 ④

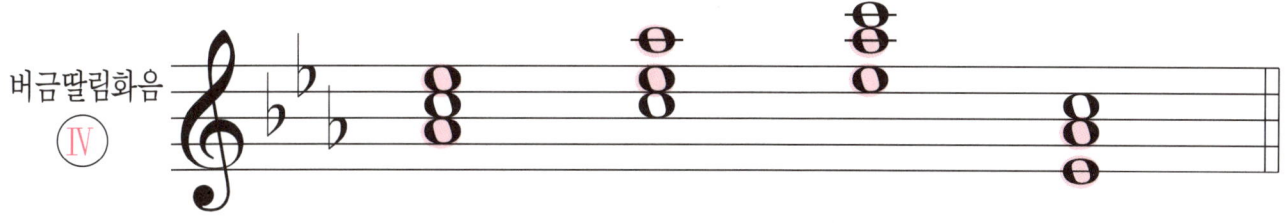

딸림화음 ⑤

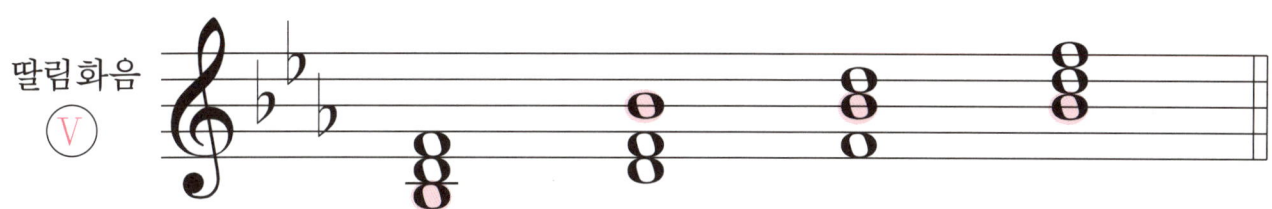

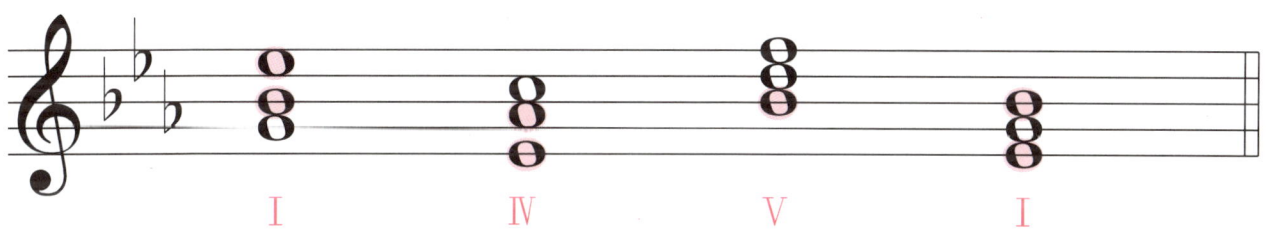

 내림마장조의 주요 3화음 옆에 맞는 **건반 번호**를 쓰세요.

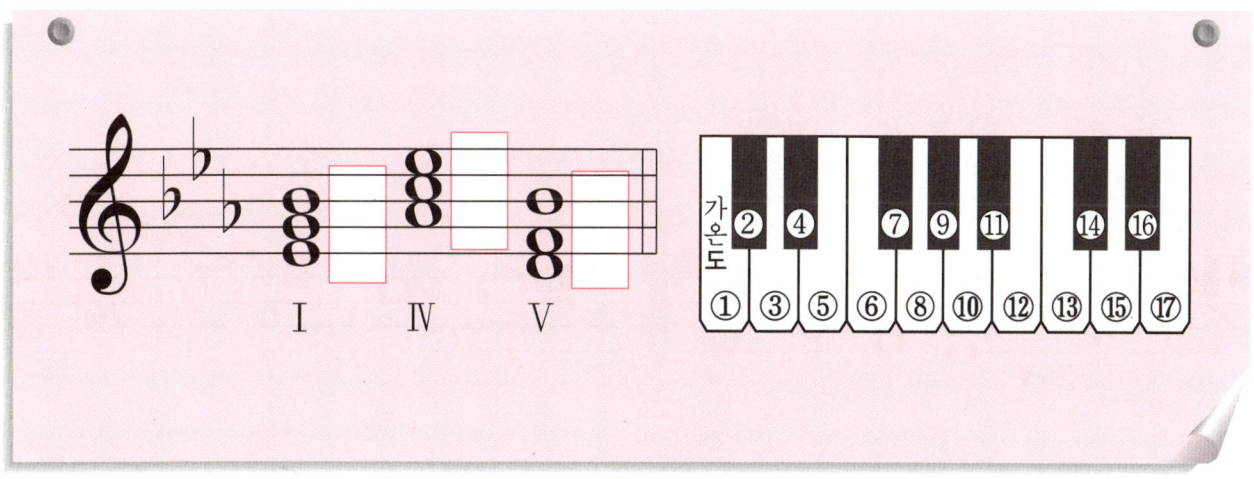

17

 계이름에 맞는 건반을 찾아 줄로 이으세요.

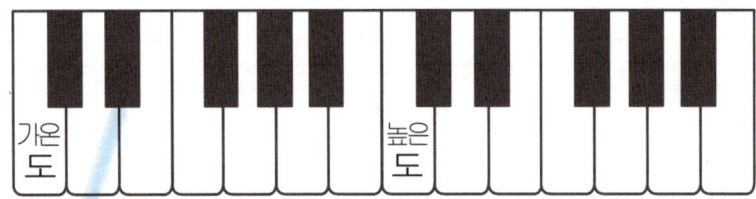

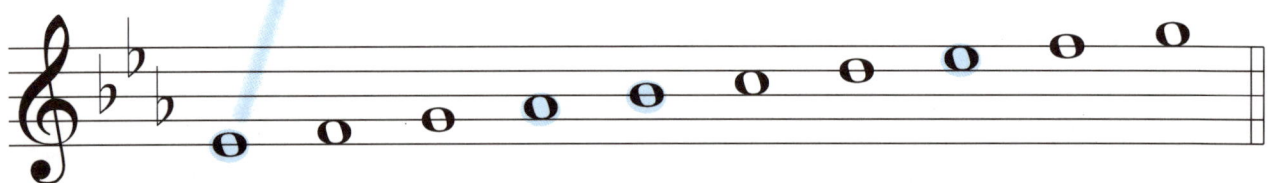

 계이름에 맞는 건반을 찾아 줄로 이으세요.

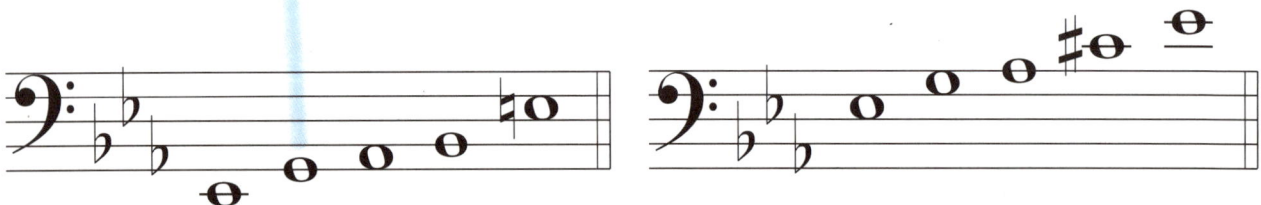

가 선생님께
꼭 하고 싶은 말
선생님이 에게
꼭 하고 싶은 말

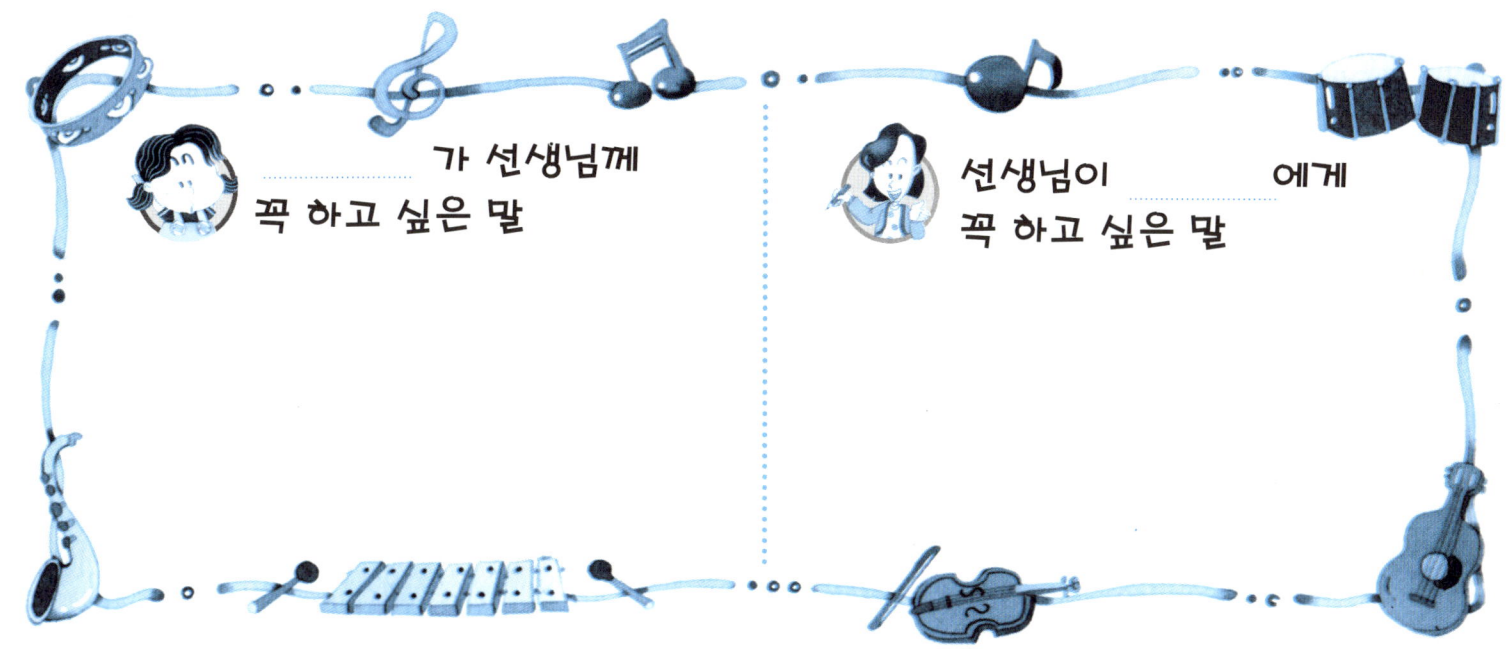

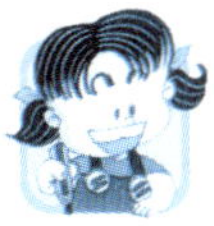

꿀벌이 꿀을 모아 집으로 가려고 해요. 내림**마**장조의 음계 순서대로 **고정도법**으로 계이름을 찾아 줄로 연결해 보세요. 그럼 꿀벌의 집으로 갈 수 있답니다.

(♭)
(♭)
(♭)
(♭)

라
레
미♭
모
미♭
시♭
라♭
솔
파
레
도
레
미♭
파
시
솔
시♭
레♭
솔
라♭
미♭
레
도
시♭

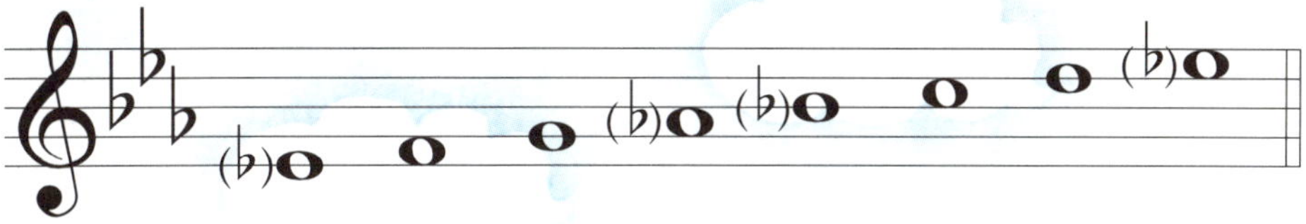

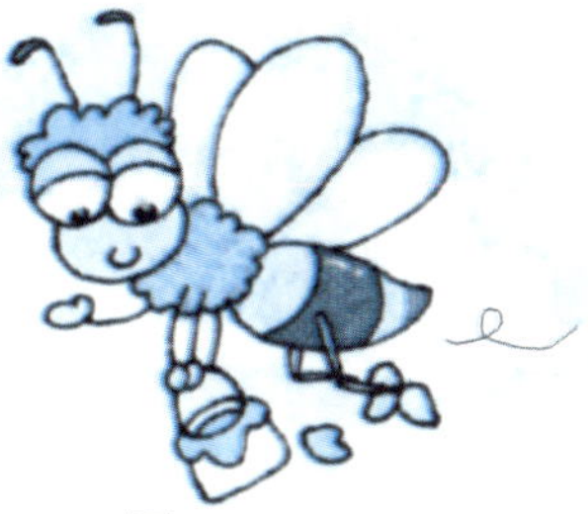

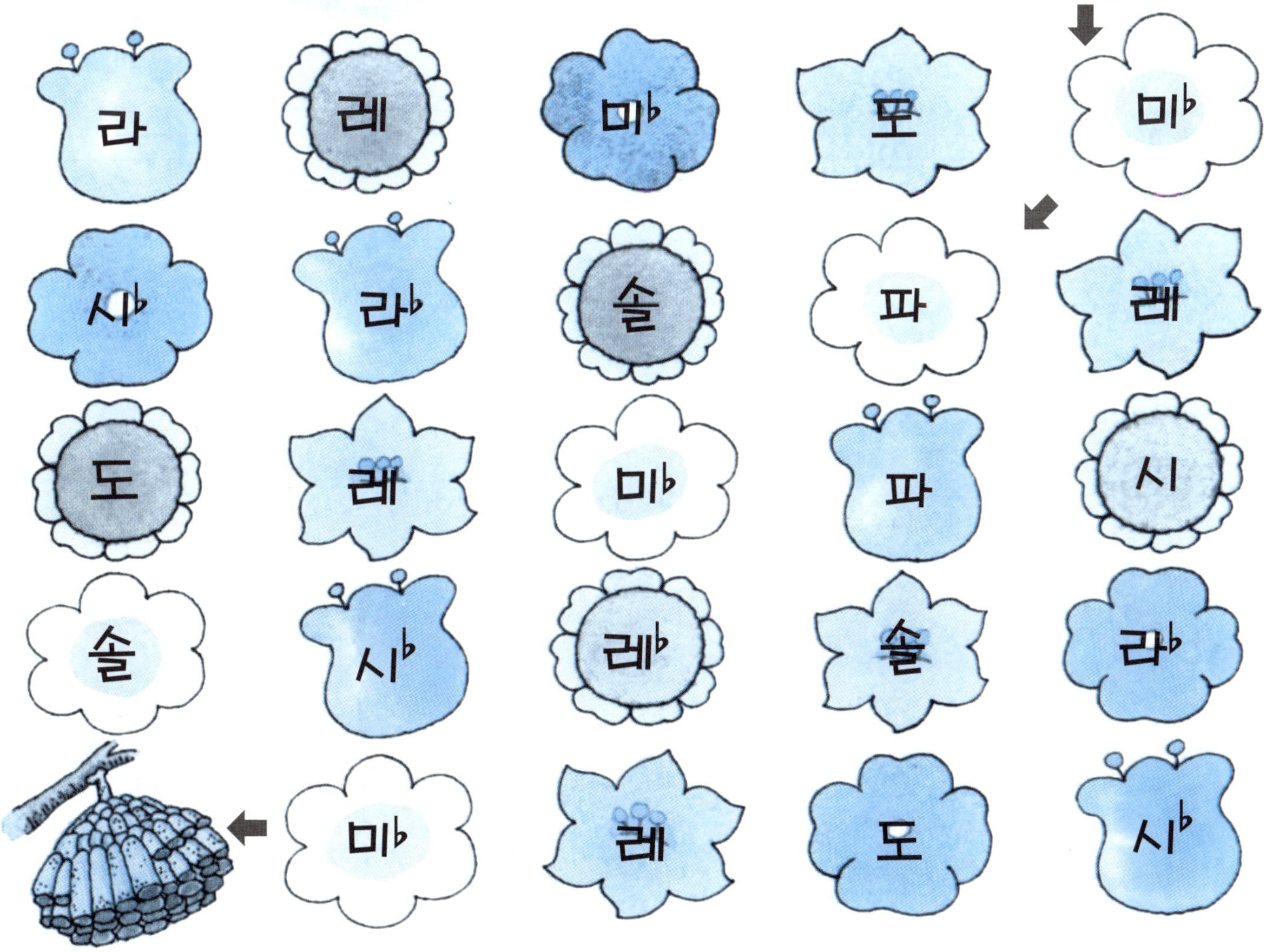

 다음은 **다장조**입니다. 음표 옆에 계이름을 쓰세요.

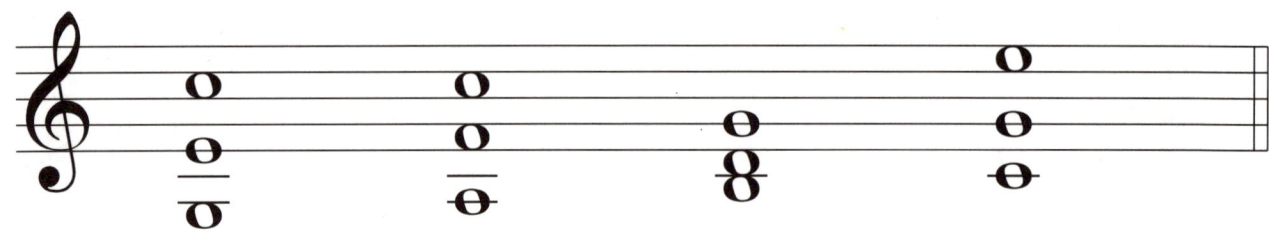

Ⅰ(C)　　　Ⅳ(F)　　　Ⅴ(G)　　　Ⅰ(C)

 똑같이 쓰면서 **가장조**를 익혀 보세요.

가장조의 조표는 **파, 도, 솔**에 ♯이 붙으며, 으뜸음은 **라**자리입니다.

 다음은 **다장조**입니다. 음표 옆에 계이름을 쓰세요.

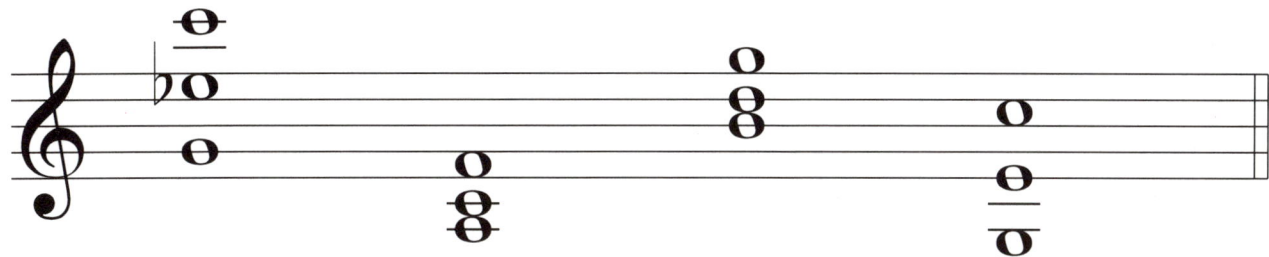

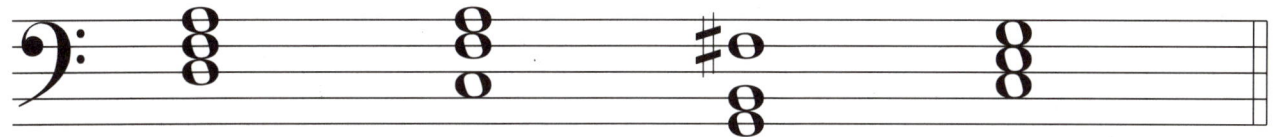

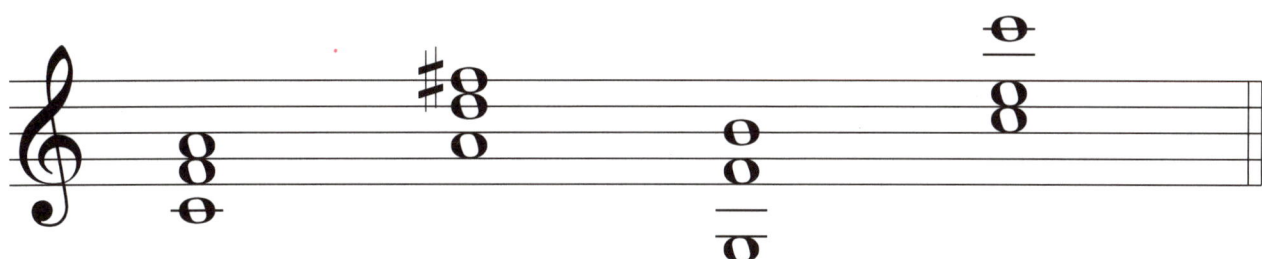

 **가장조**의 조표와 으뜸음을 보기와 똑같이 그리세요.

 다음은 **다장조**입니다. 음표 옆에 계이름을 쓰세요.

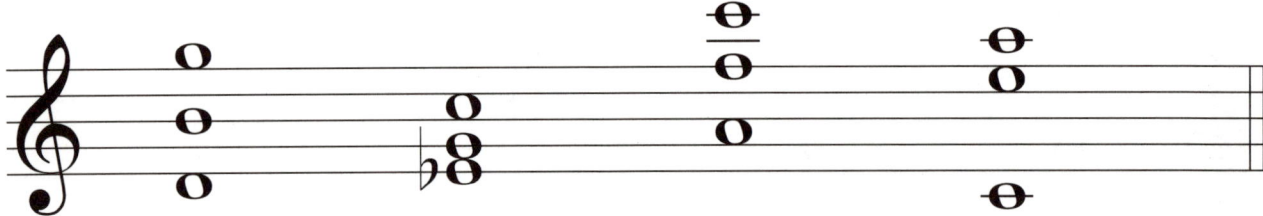

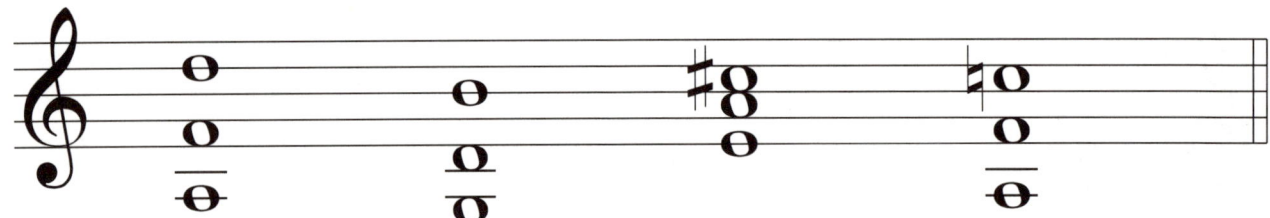

 가장조 음계를 보기와 똑같이 그리세요.

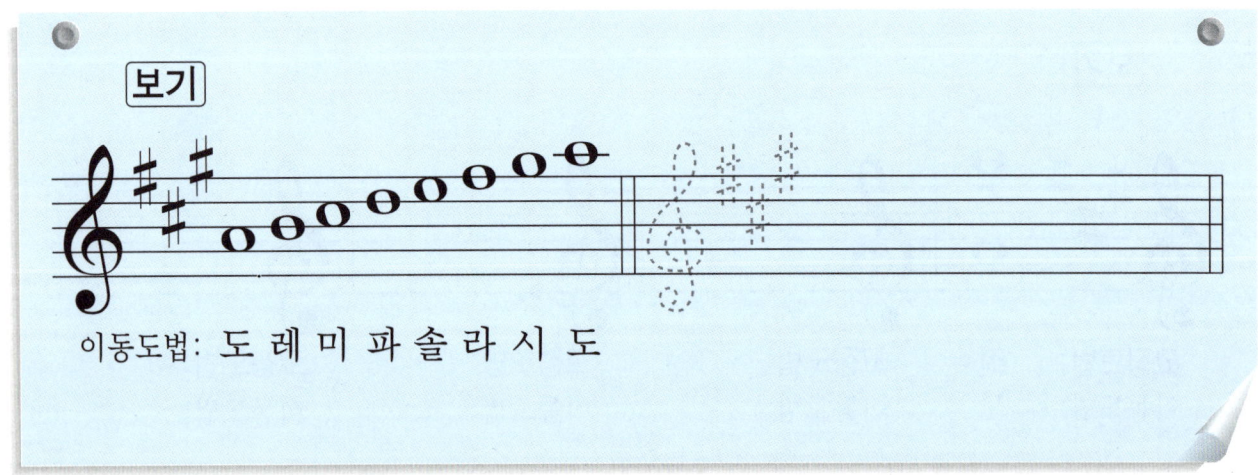

계이름공부

 다음은 **사장조**입니다. **고정도법**으로 계이름을 쓰세요.

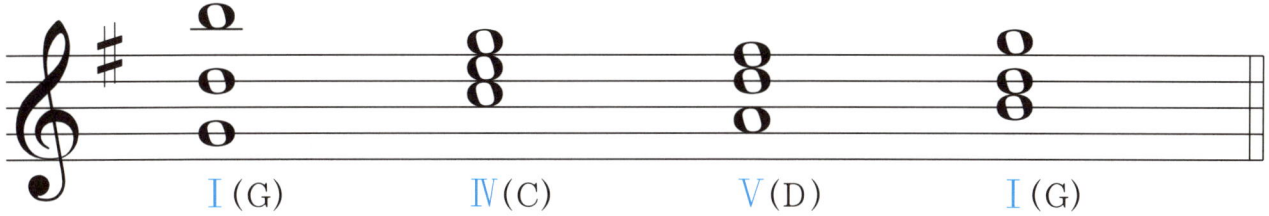

I (G)   IV (C)   V (D)   I (G)

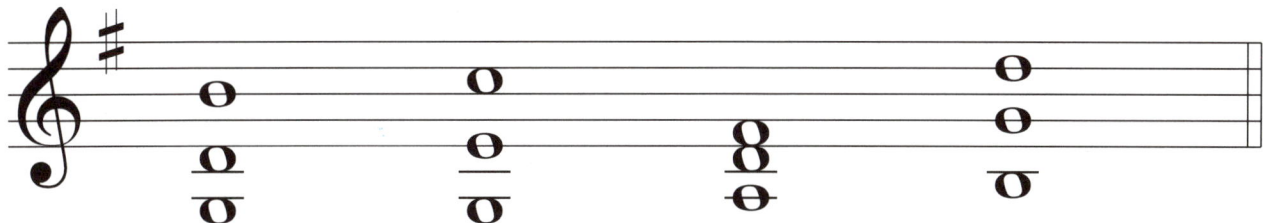

 똑같이 쓰면서 **사장조**를 익혀 보세요.

사장조의 조표는 **파**에 ♯이 붙으며, 으뜸음은 **솔**자리입니다.

 다음은 **사장조**입니다. **고정도법**으로 계이름을 쓰세요.

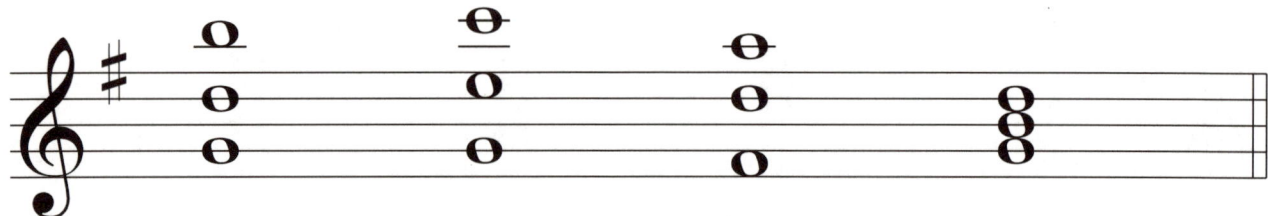

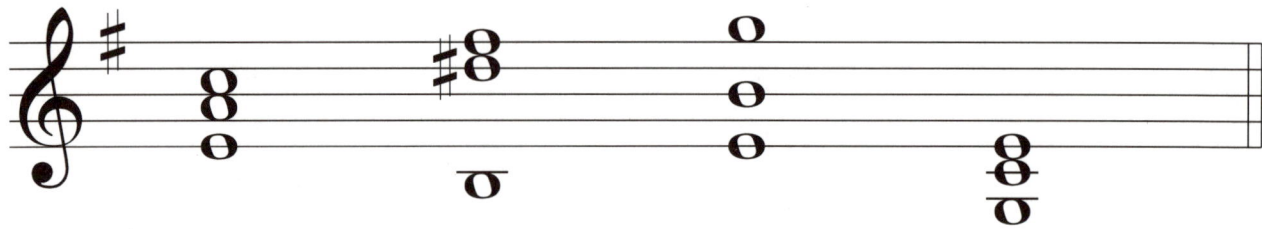

 사장조의 주요 3화음을 보기 와 똑같이 그리세요.

 월 일

 다음은 **사장조**입니다. **고정도법**으로 계이름을 쓰세요.

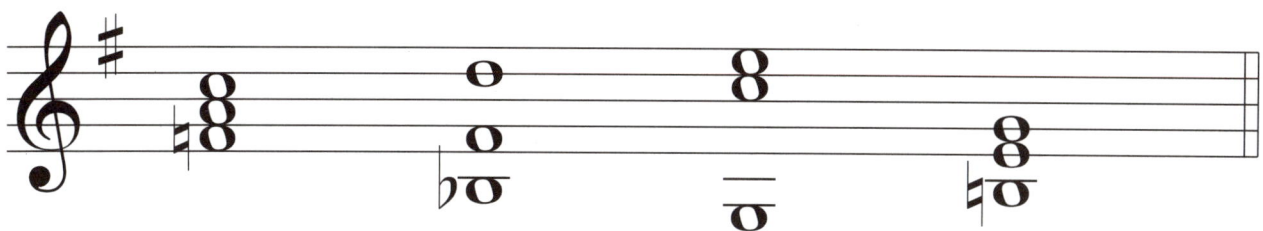

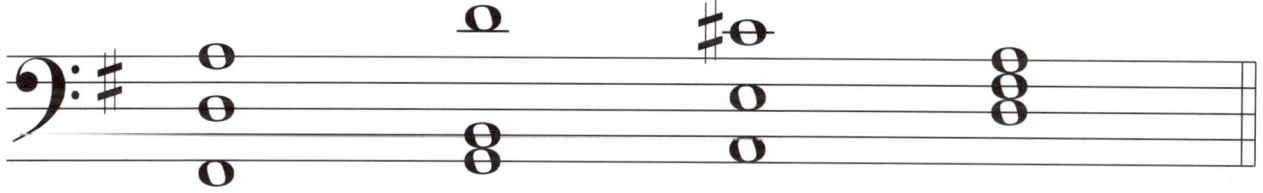

 **사장조**의 주요 3화음 옆에 맞는 **건반 번호**를 쓰세요.

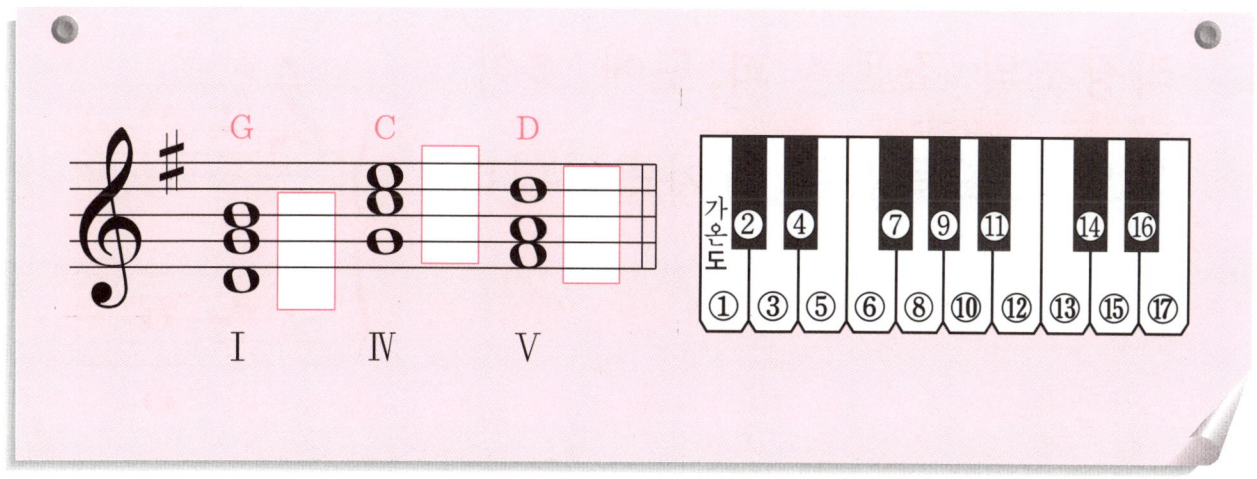

25

 다음은 **라장조**입니다. **고정도법**으로 계이름을 쓰세요.

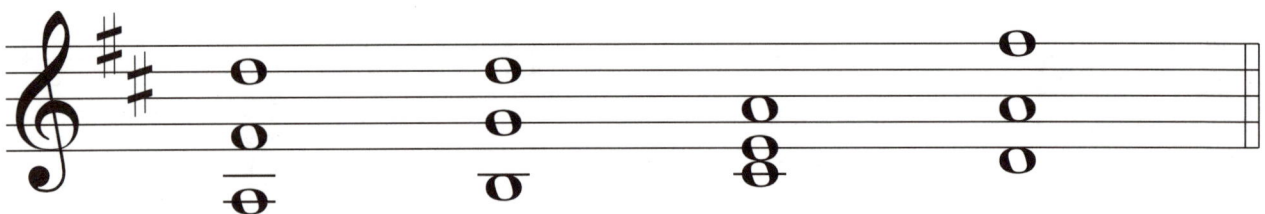

I (D)　　　　Ⅳ (G)　　　　Ⅴ (A)　　　　I (D)

 똑같이 쓰면서 **라장조**를 익혀 보세요.

라장조의 조표는 **파,도**에 ♯이 붙으며, 으뜸음은 **레**자리입니다.

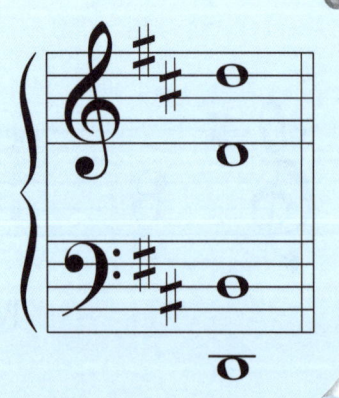

 다음은 **라장조**입니다. **고정도법**으로 계이름을 쓰세요.

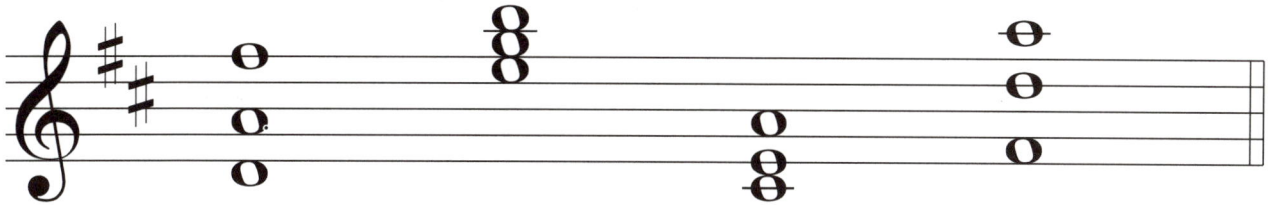

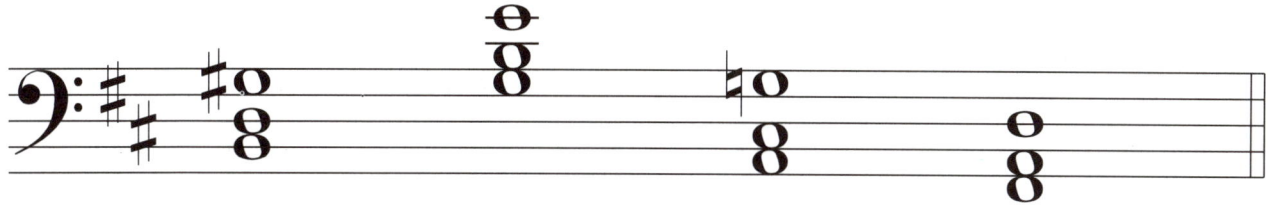

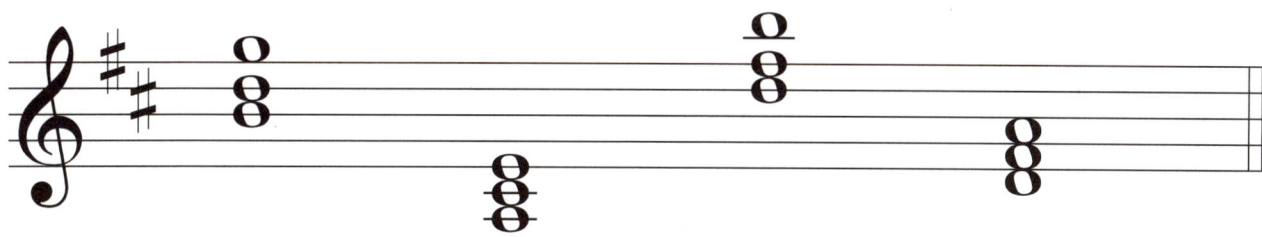

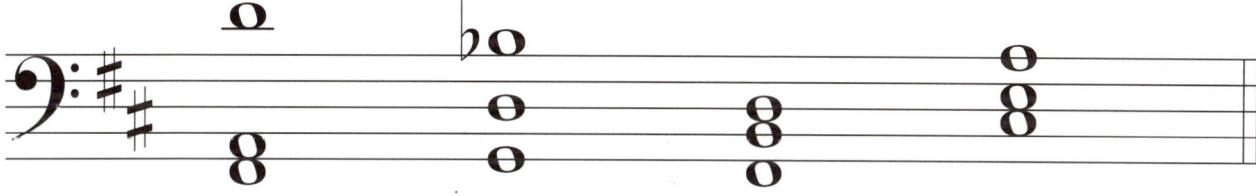

 **라장조**의 주요 **3화음**을 보기 와 똑같이 그리세요.

 다음은 **라장조**입니다. **고정도법**으로 계이름을 쓰세요.

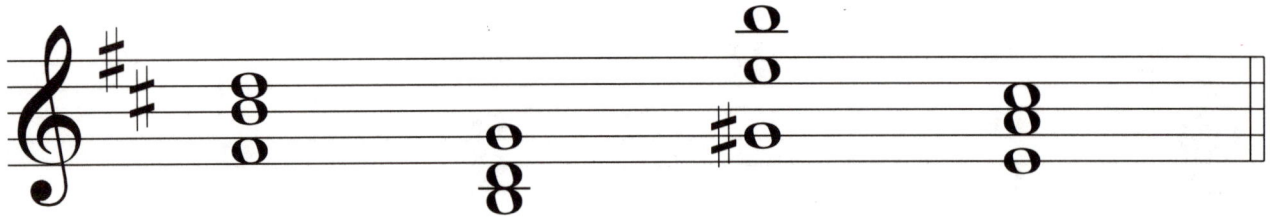

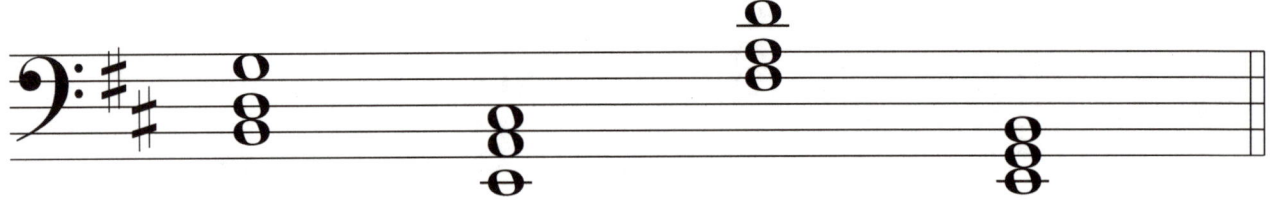

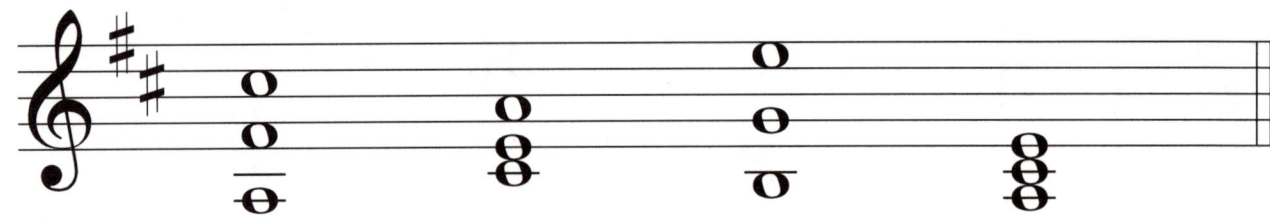

 **라장조**의 주요 3화음 옆에 맞는 **건반 번호**를 쓰세요.

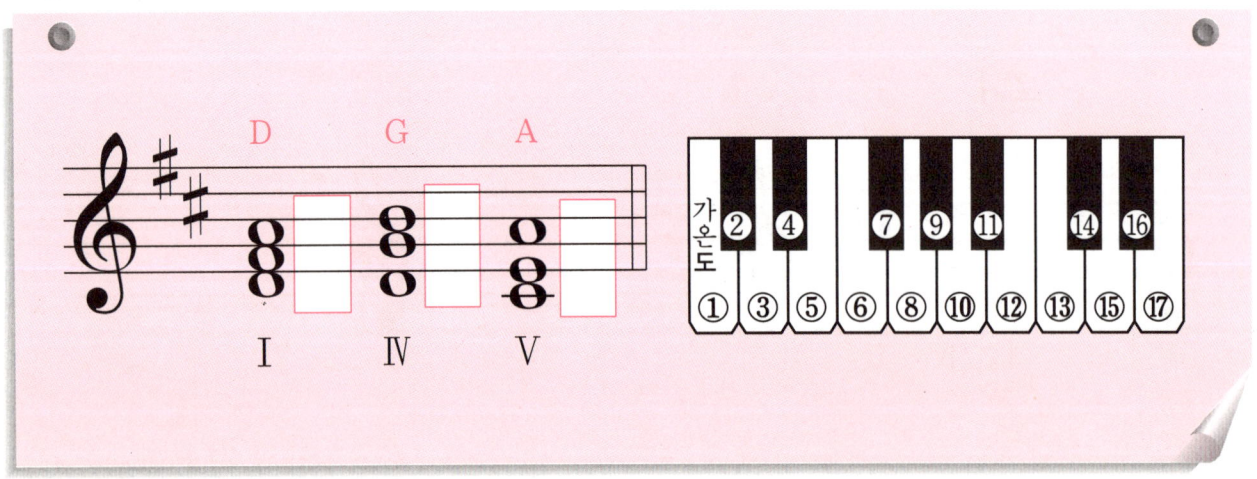

낙서판

마음껏 낙서해 보세요

 나에 대하여 이야기 해 보세요.

⭐ 몇시에 일어나지요?

⭐ 오늘 아침엔 무엇을 먹었나요?

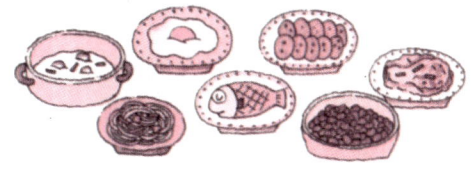

⭐ 학교에 가는 시간은?

⭐ 나와 가장 친한 친구들은

⭐ 내가 가장 좋아하는 과목은

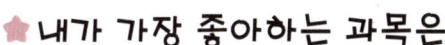

⭐ 집에서 엄마(아빠)를 도와드릴 수 있는 일은 무엇인가요?

⭐ 몇시에 잠을 자나요?

 다음은 **가장조**입니다. **고정도법**으로 계이름을 쓰세요.

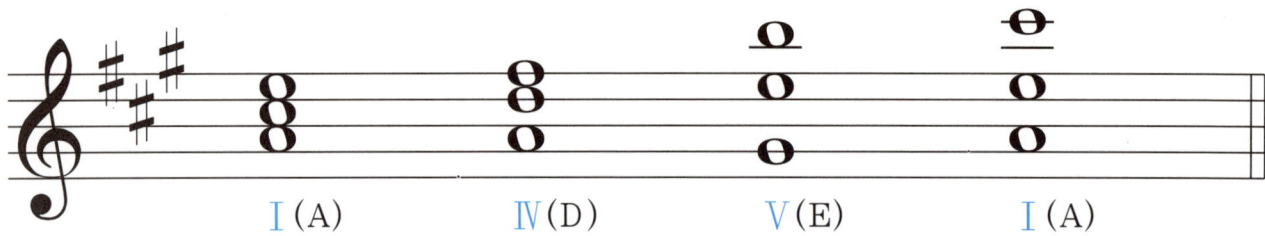

I (A)　　　Ⅳ(D)　　　V(E)　　　I (A)

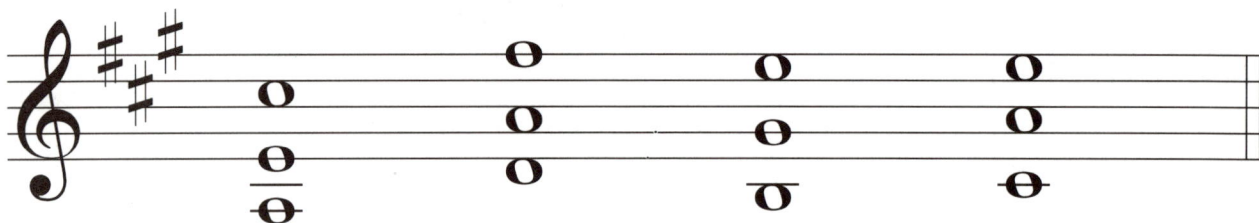

 똑같이 쓰면서 **가장조**를 익혀 보세요.

가장조의 조표는 **파, 도, 솔**에 ♯이 붙으며, 으뜸음은 **라**자리입니다.

 다음은 **가장조**입니다. **고정도법**으로 계이름을 쓰세요.

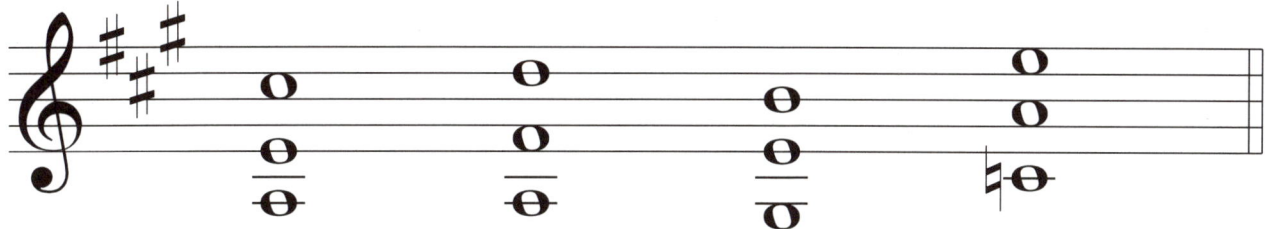

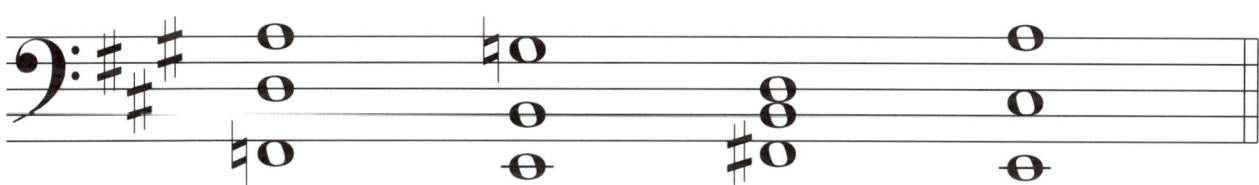

 가장조의 주요 3화음을 보기 와 똑같이 그리세요.

 다음은 **가장조**입니다. **고정도법**으로 계이름을 쓰세요.

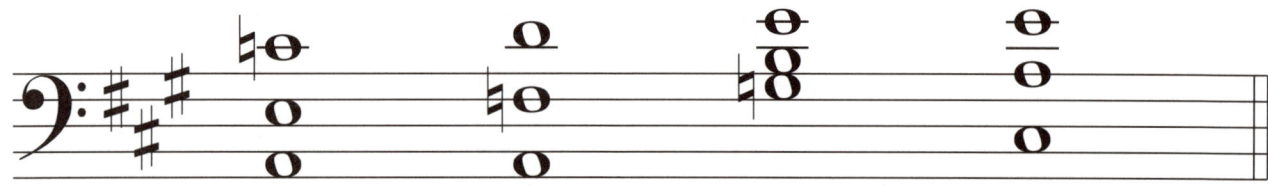

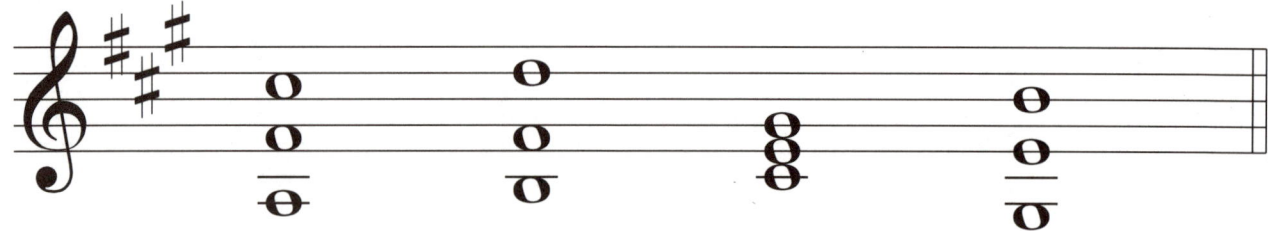

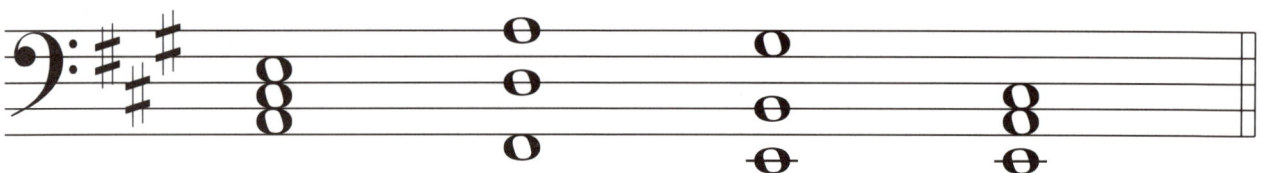

 **가장조**의 주요 3화음 옆에 맞는 **건반 번호**를 쓰세요.

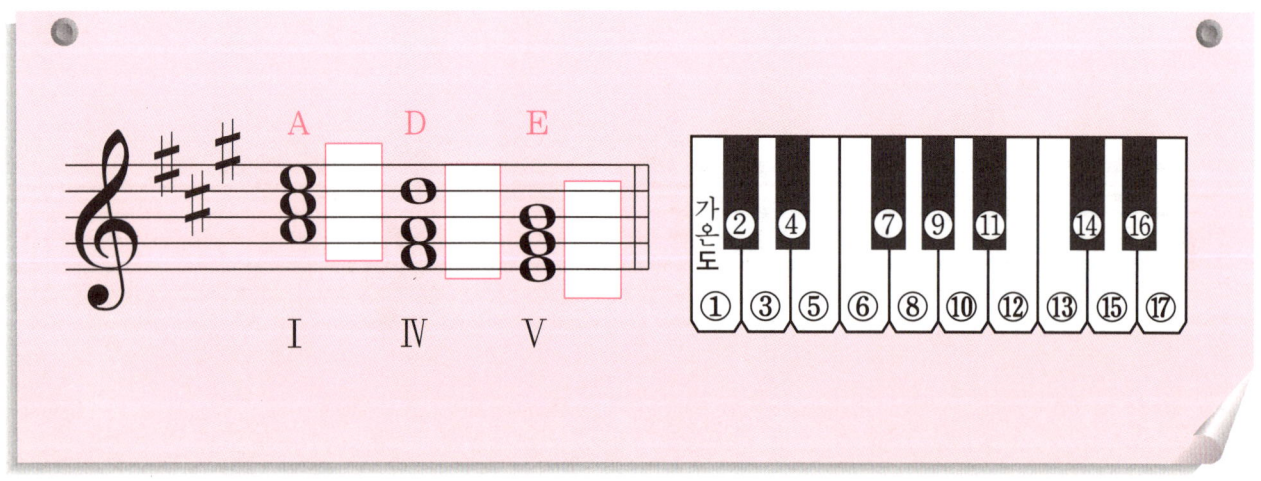

 다음은 **다장조**입니다. 음표 옆에 계이름을 쓰세요.

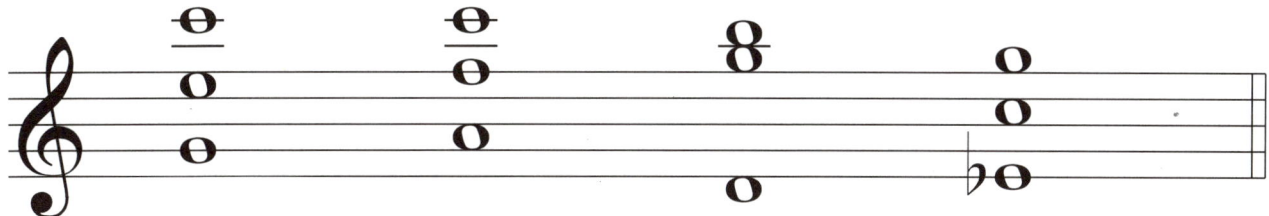

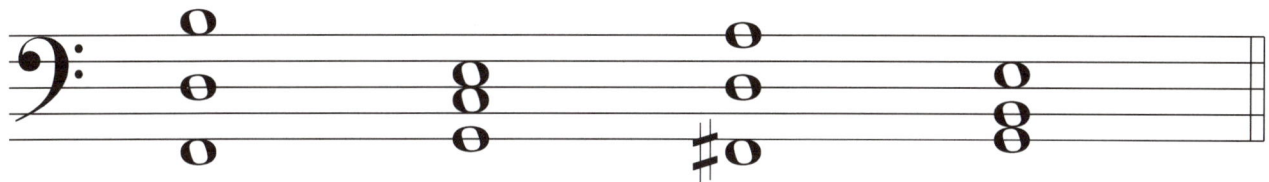

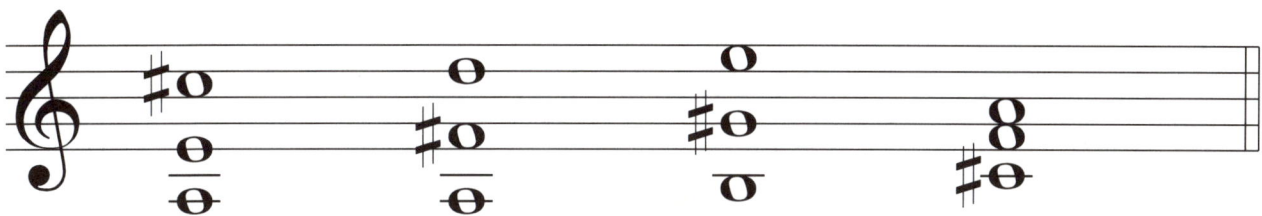

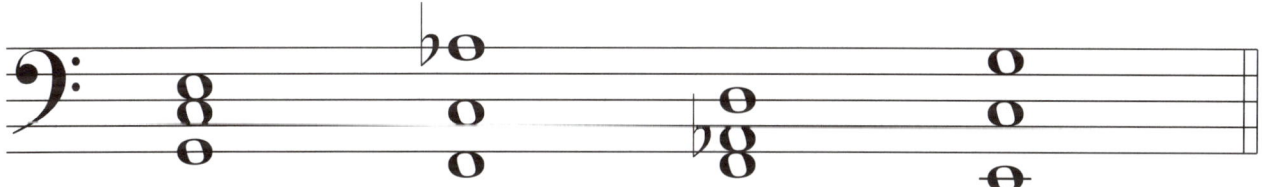

 **다장조**의 주요 3화음 밑에 맞는 **화음 기호**를 쓰세요.

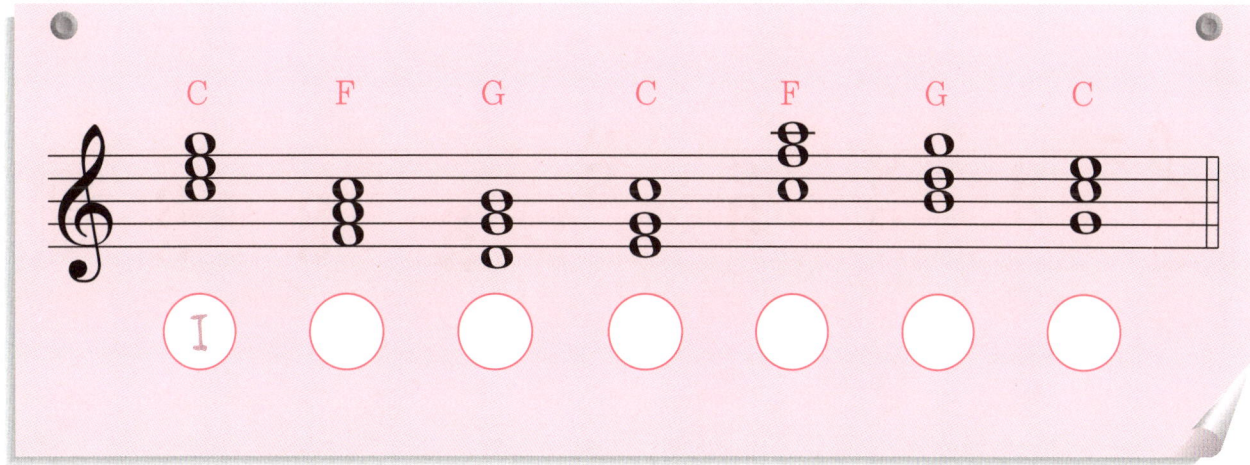

 다음은 **사장조**입니다. **고정도법**으로 계이름을 쓰세요.

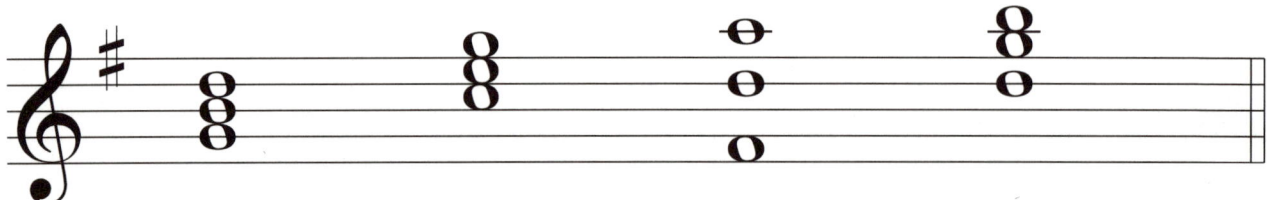

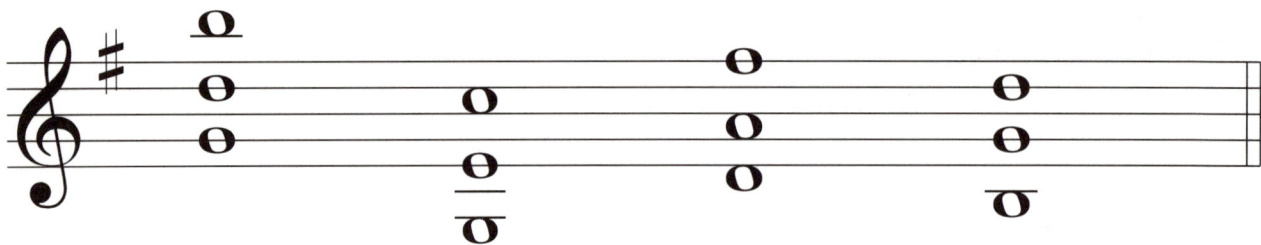

 **사장조**의 주요 3화음 밑에 맞는 **화음 기호**를 쓰세요.

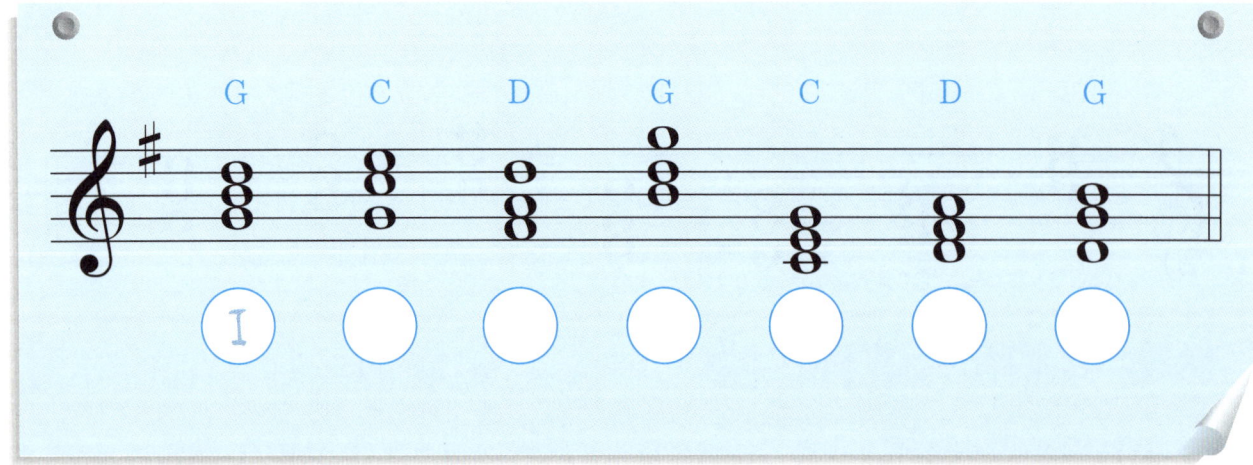

월 ⛅ 일

 다음은 **라장조**입니다. **고정도법**으로 계이름을 쓰세요.

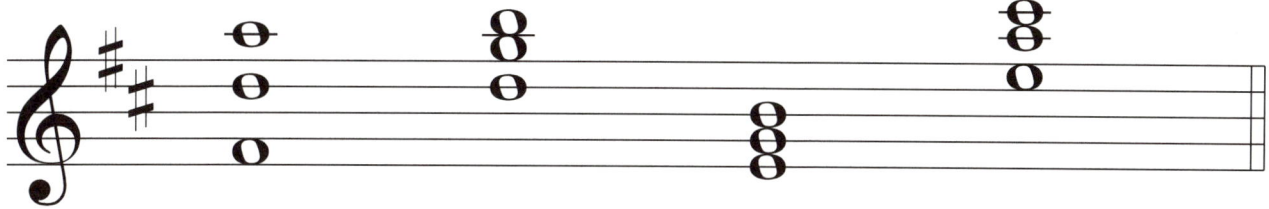

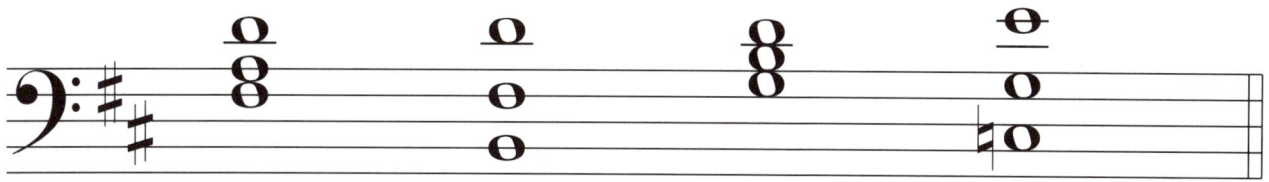

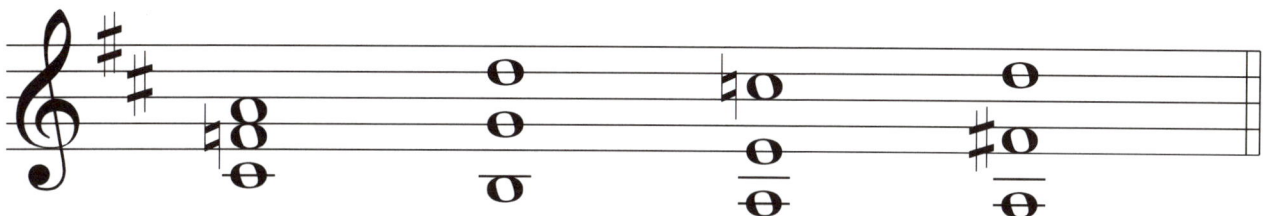

 **라장조**의 주요 3화음 밑에 맞는 **화음 기호**를 쓰세요.

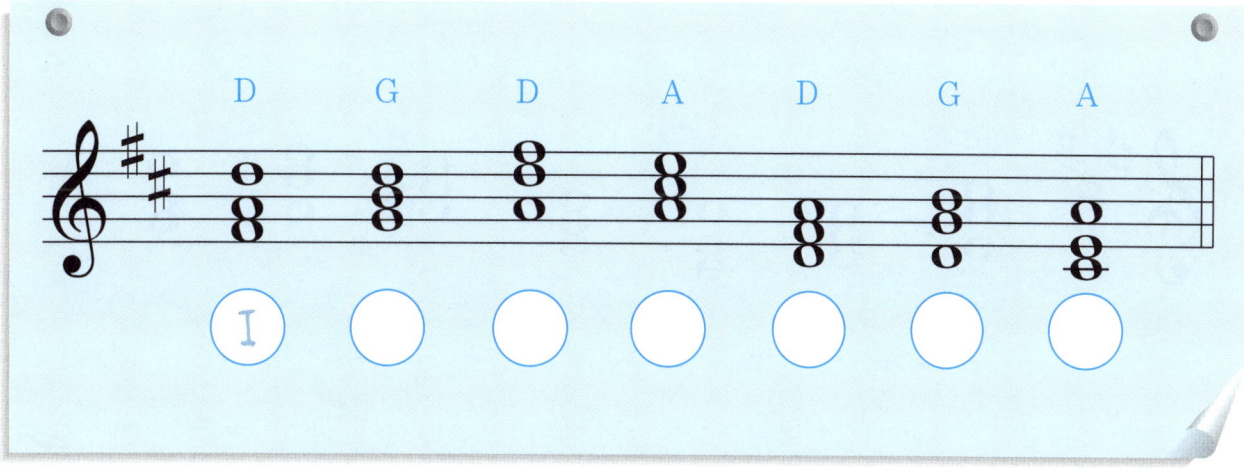

 다음은 **가장조**입니다. **고정도법**으로 계이름을 쓰세요.

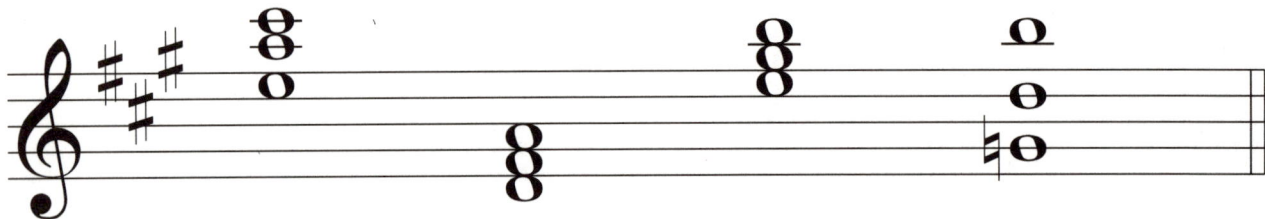

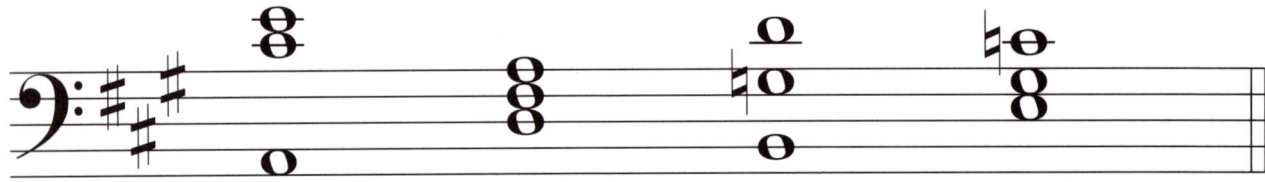

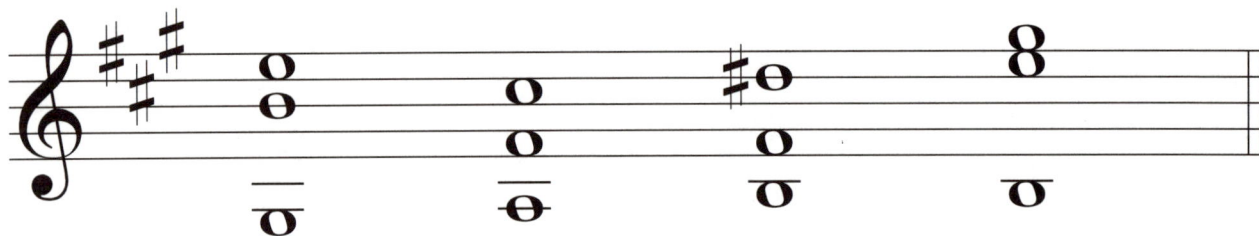

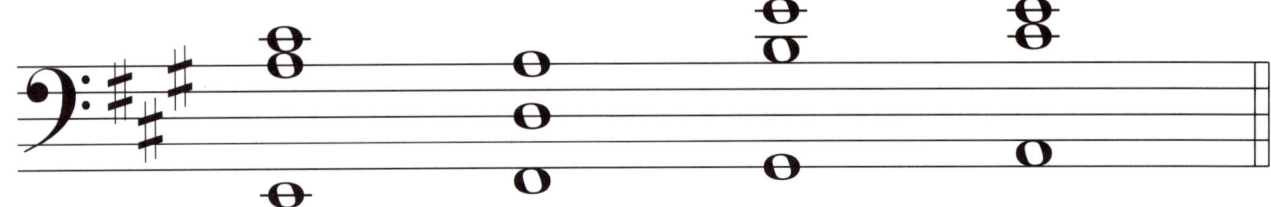

 **가장조**의 주요 3화음 밑에 맞는 **화음 기호**를 쓰세요.

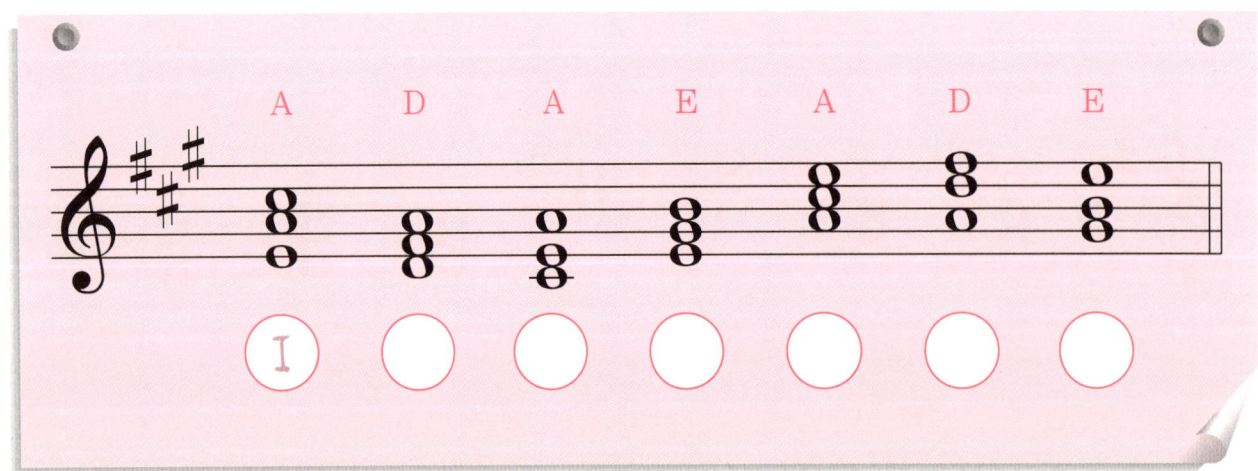

우리 가족의 나이와 생일을 써 보세요.

⭐ 아빠: 　살　　월　　일　　⭐ 형제들

⭐ 엄마: 　살　　월　　일　　　　： 　살　　월　　일

⭐ 나 : 　살　　월　　일　　　　： 　살　　월　　일

 우리 가족의 얼굴을 예쁘게 그려 보고 이름도 써 보세요.

계이름공부

 다음은 **바장조**입니다. **고정도법**으로 계이름을 쓰세요.

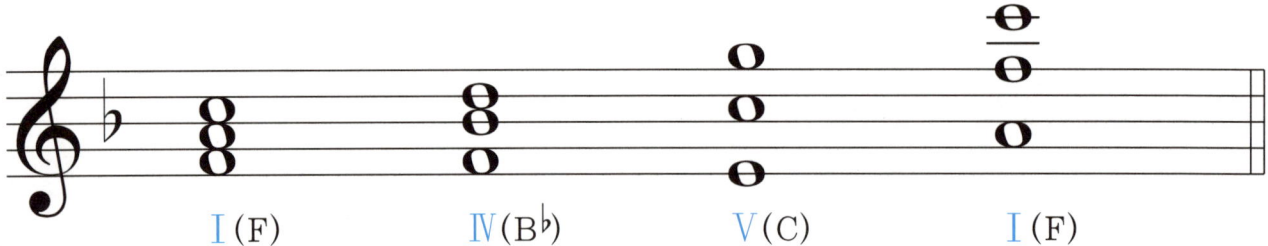

I (F)　　　　　Ⅳ (B♭)　　　　　Ⅴ (C)　　　　　I (F)

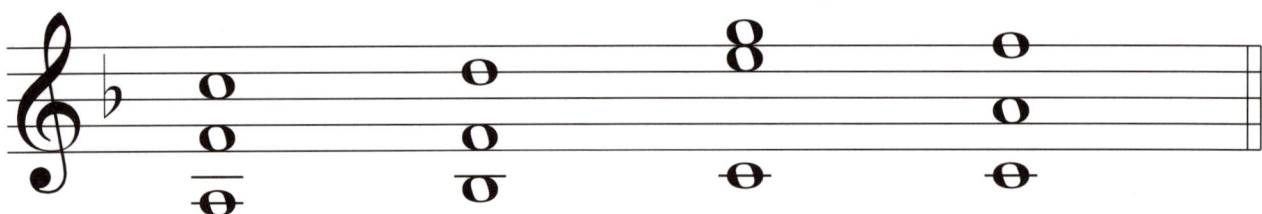

똑같이 쓰면서 **바장조**를 익혀 보세요.

바장조의 조표는 **시**에 ♭이
붙으며, 으뜸음은 **파**자리입니다.

 다음은 **바장조**입니다. **고정도법**으로 계이름을 쓰세요.

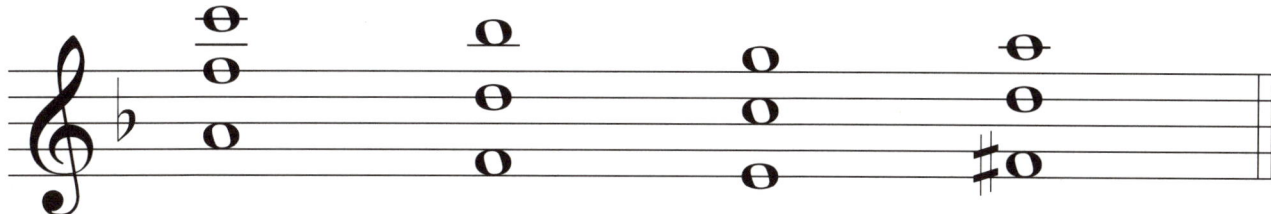

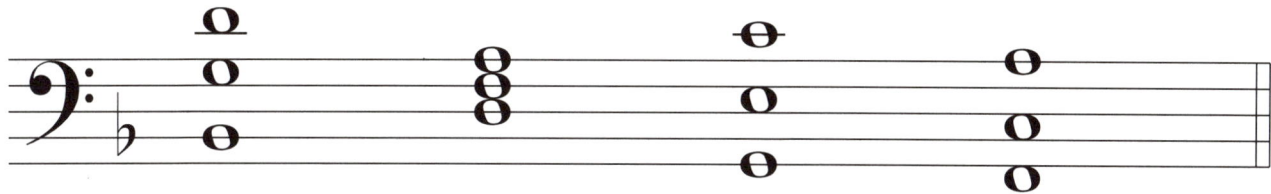

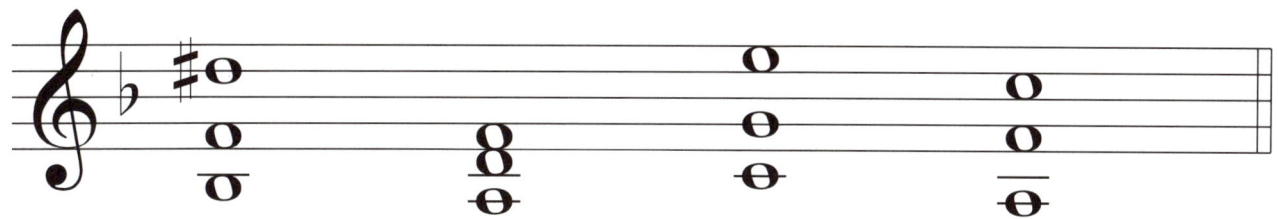

 바장조의 주요 3화음을 보기 와 똑같이 그리세요.

 다음은 **바장조**입니다. **고정도법**으로 계이름을 쓰세요.

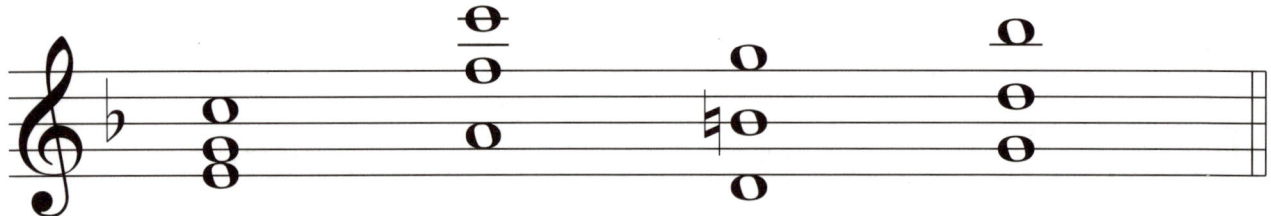

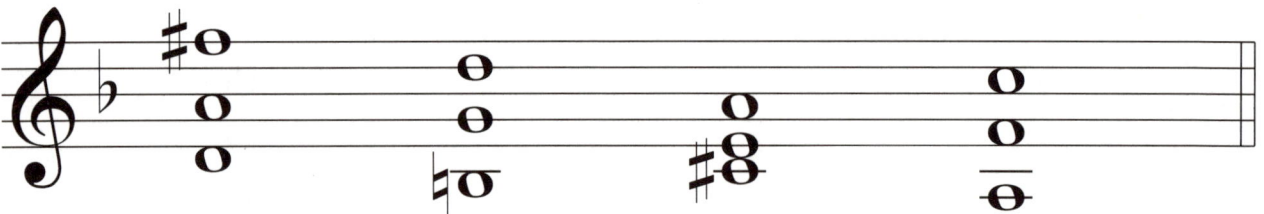

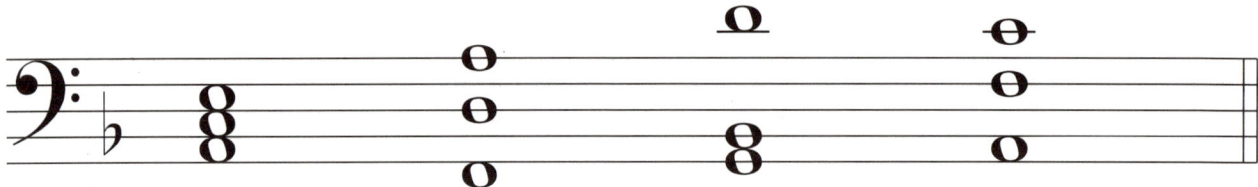

 **바장조**의 주요 3화음 옆에 맞는 **건반 번호**를 쓰세요.

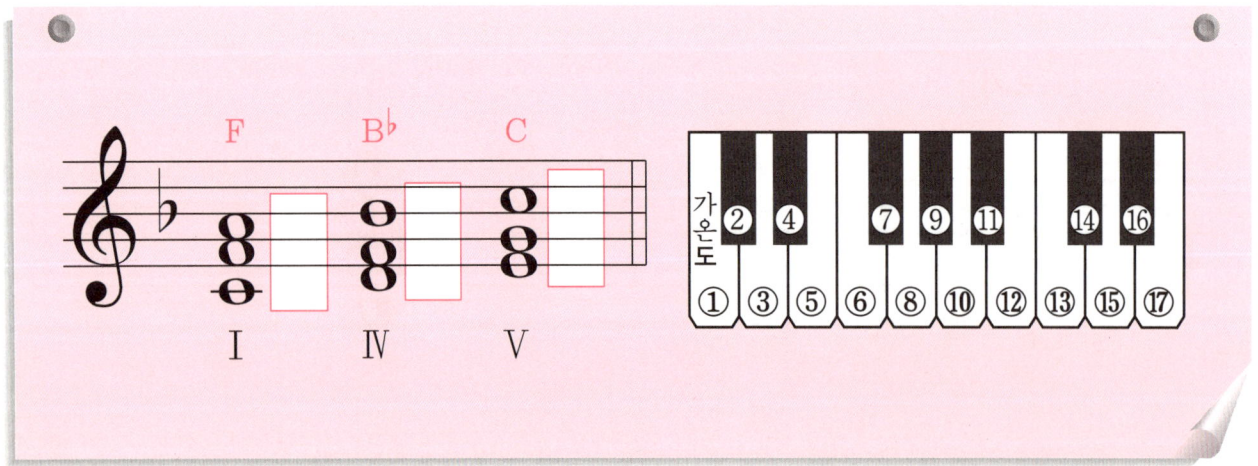

계이름공부

 다음은 **내림나장조**입니다. **고정도법**으로 계이름을 쓰세요.

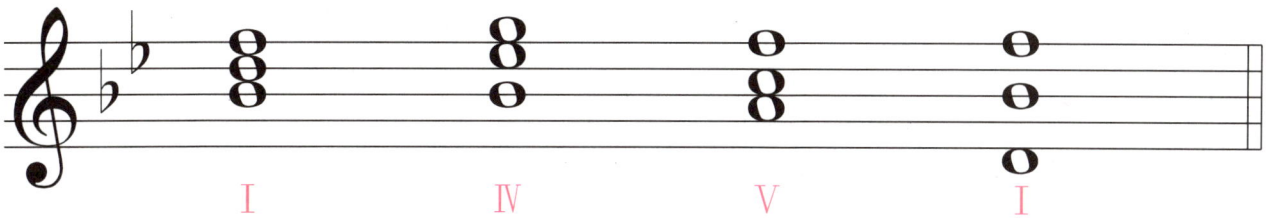

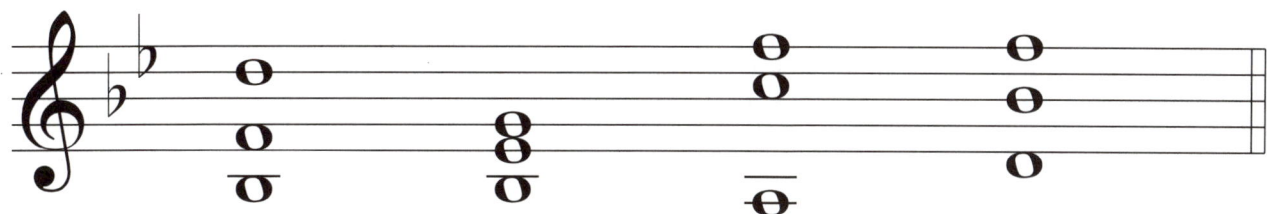

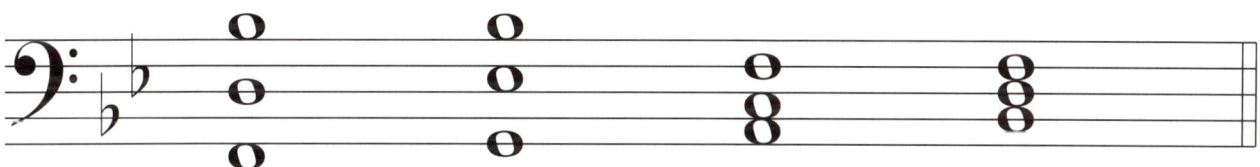

 똑같이 쓰면서 **내림나장조**를 익혀 보세요.

내림**나**장조의 조표는 **시, 미**에 ♭이 붙으며, 으뜸음은 **시**♭자리입니다.

 다음은 **내림나장조**입니다. **고정도법**으로 계이름을 쓰세요.

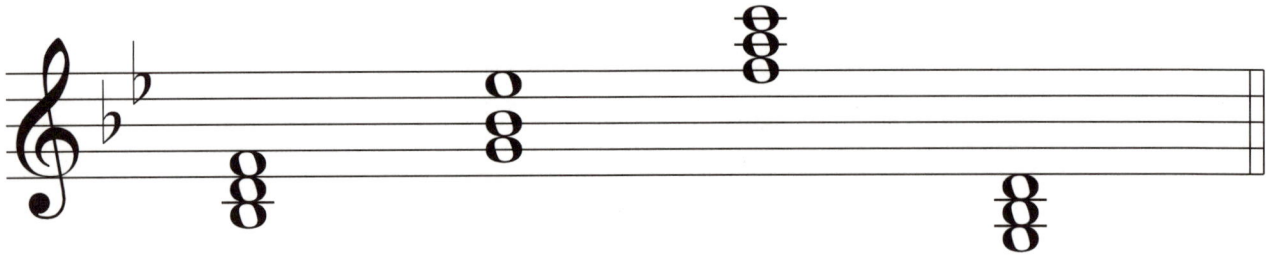

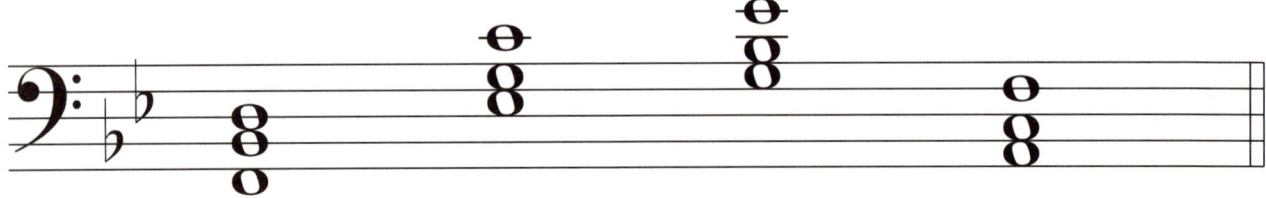

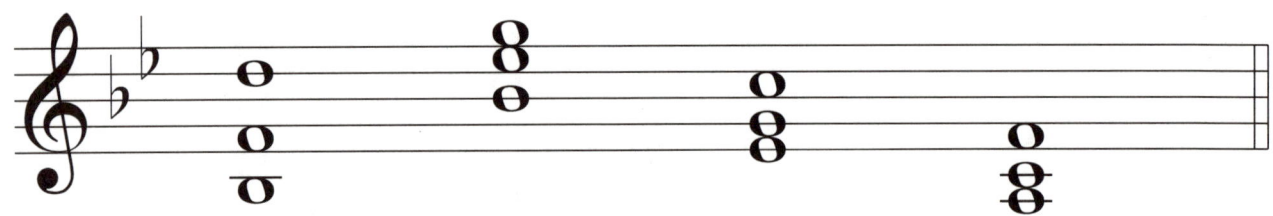

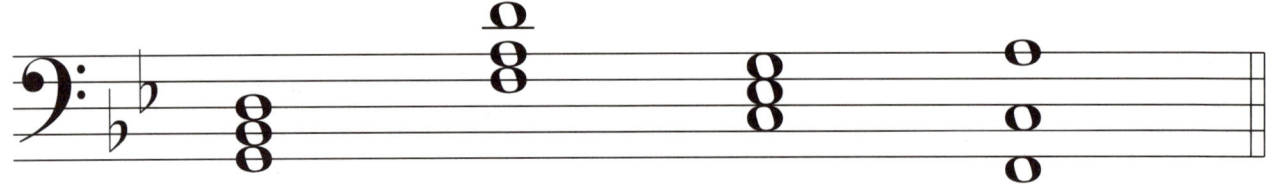

 내림나장조의 **주요 3화음**을 보기 와 똑같이 그리세요.

 다음은 **내림나장조**입니다. **고정도법**으로 계이름을 쓰세요.

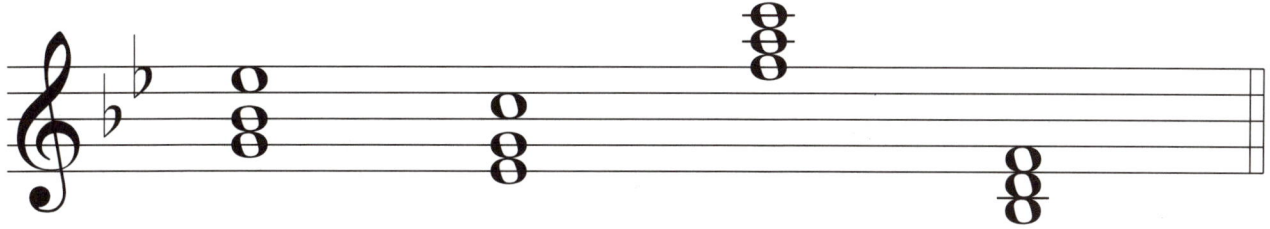

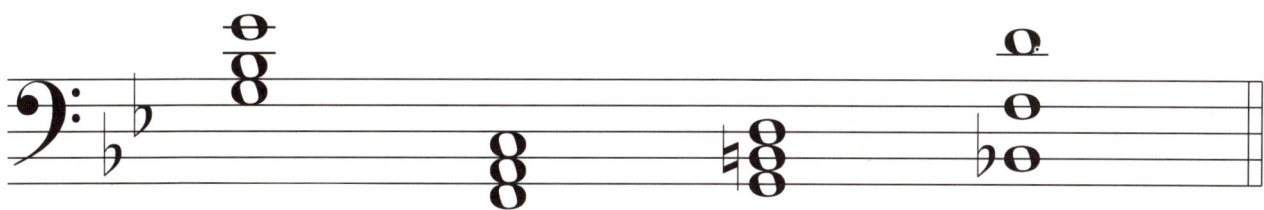

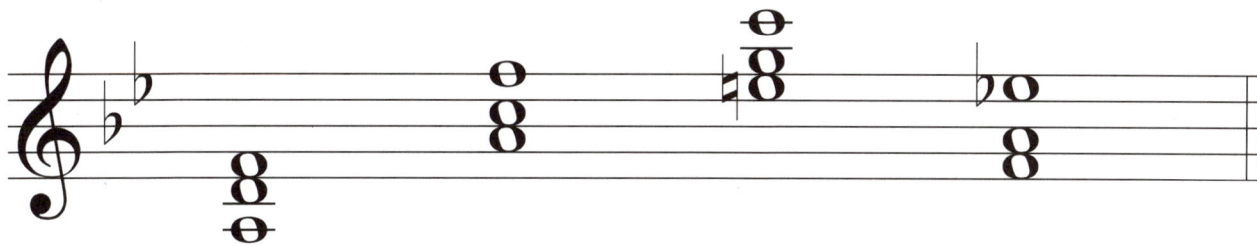

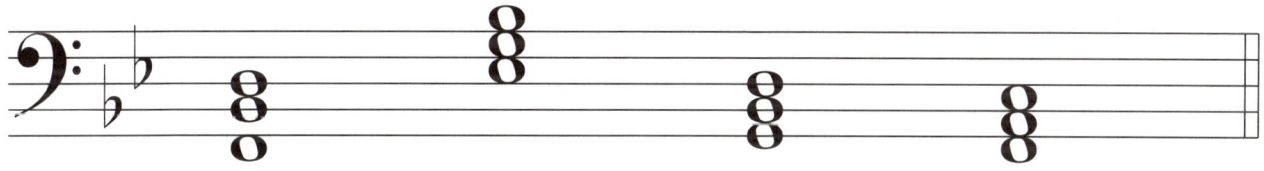

 **내림나장조**의 주요 3화음 옆에 맞는 **건반 번호**를 쓰세요.

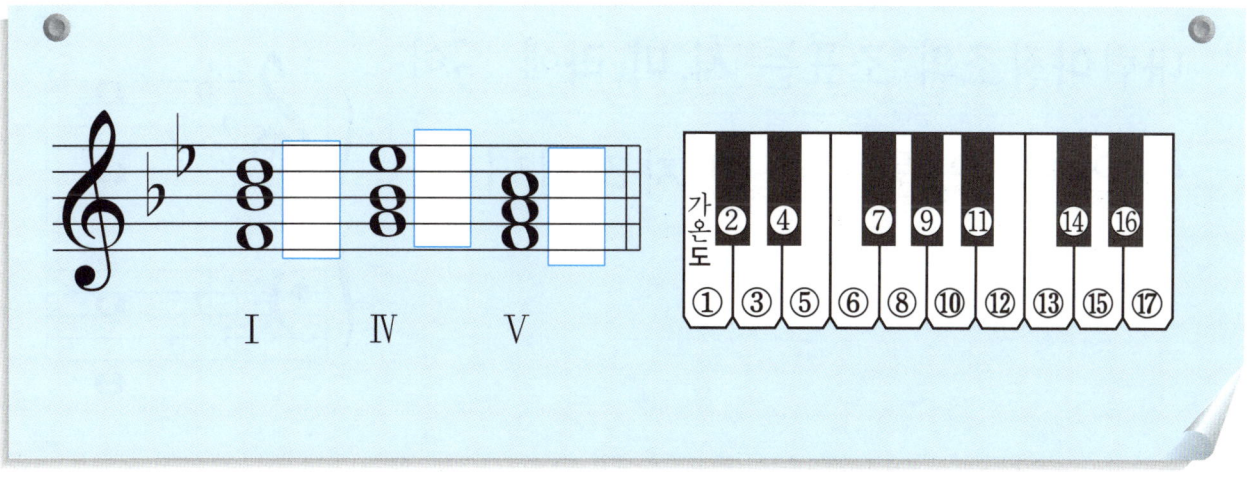

계이름공부

 다음은 **내림마장조**입니다. **고정도법**으로 계이름을 쓰세요.

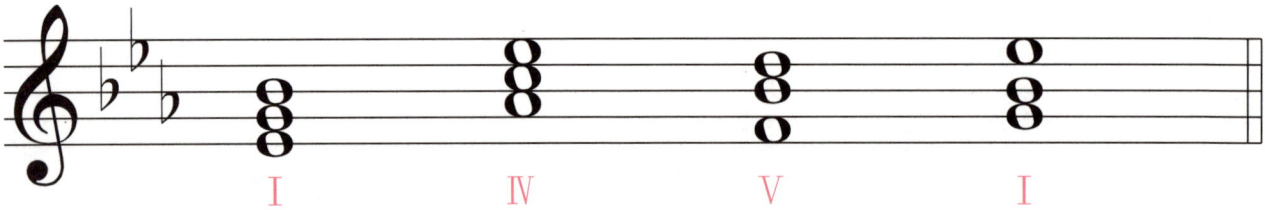

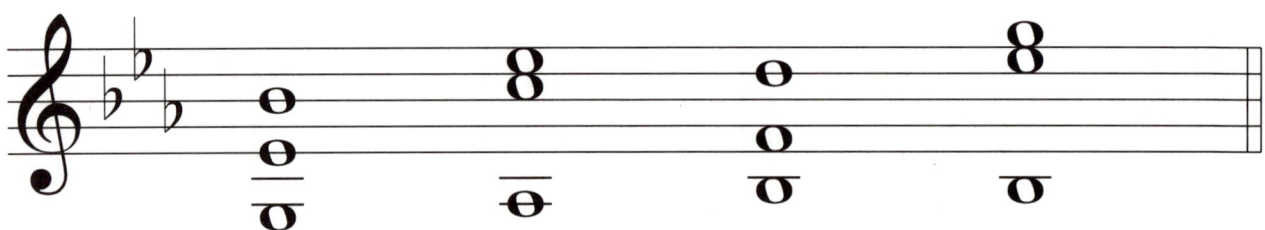

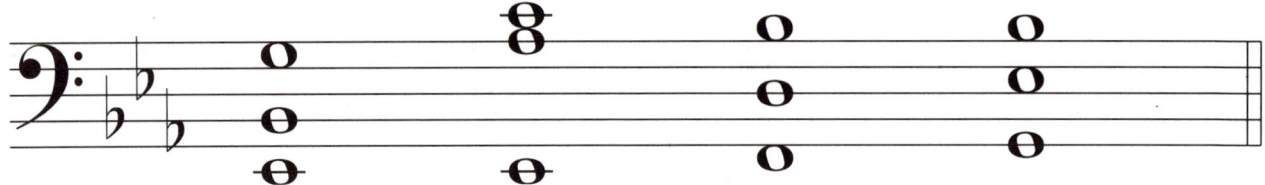

 똑같이 쓰면서 **내림마장조**를 익혀 보세요.

내림**마**장조의 조표는 **시, 미, 라**에 ♭이 붙으며, 으뜸음은 **미**♭자리입니다.

 다음은 **내림마장조**입니다. **고정도법**으로 계이름을 쓰세요.

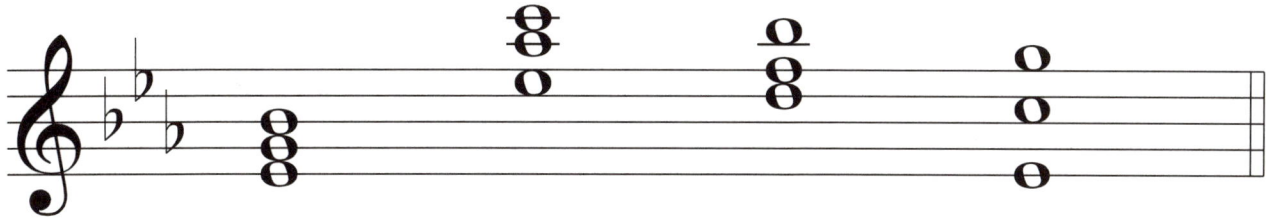

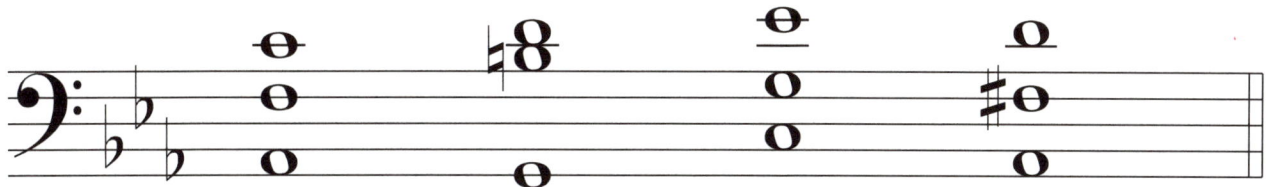

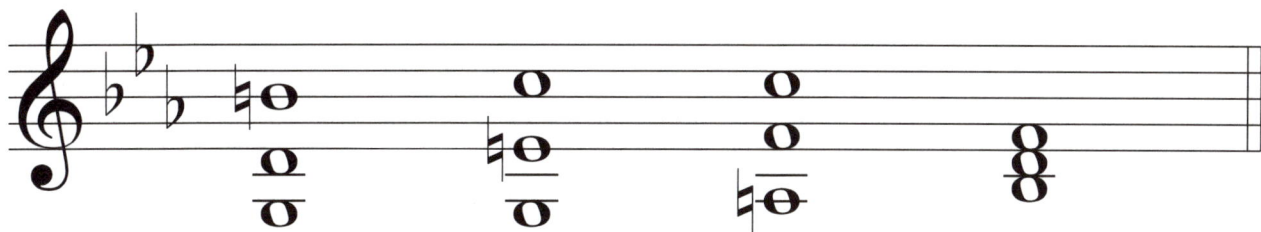

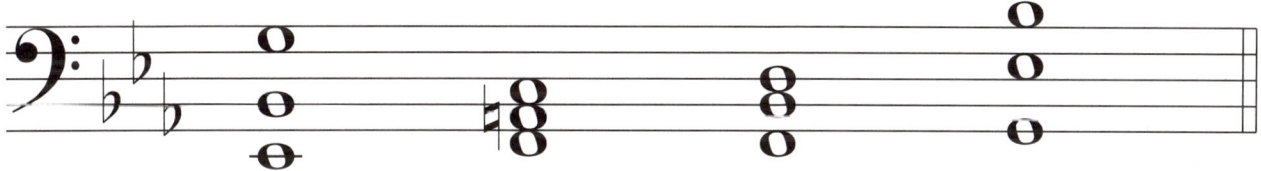

 내림마장조의 **주요 3화음**을 보기와 똑같이 그리세요.

 다음은 **내림마장조**입니다. **고정도법**으로 계이름을 쓰세요.

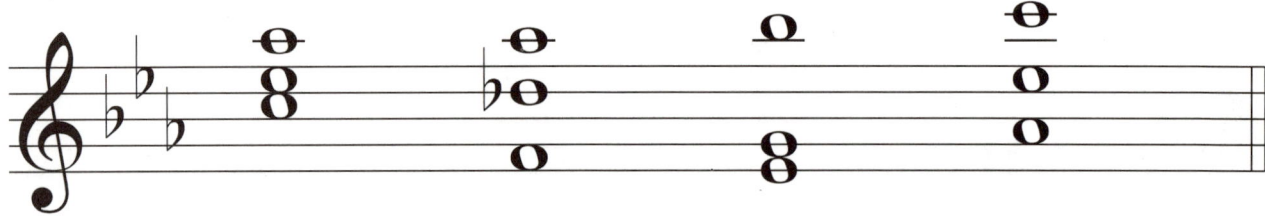

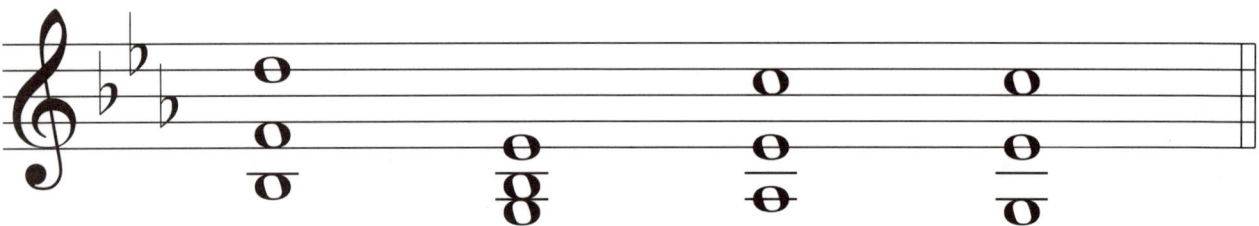

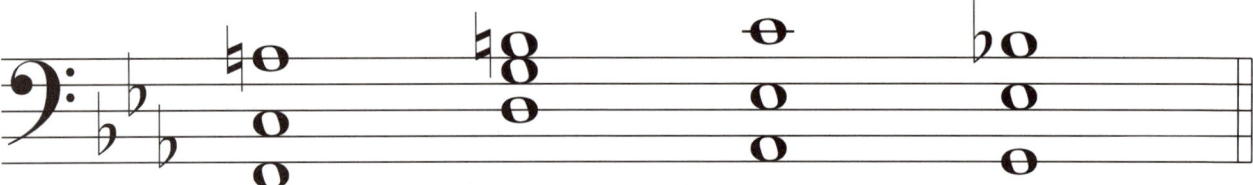

 **내림마장조**의 주요 3화음 옆에 맞는 **건반 번호**를 쓰세요.

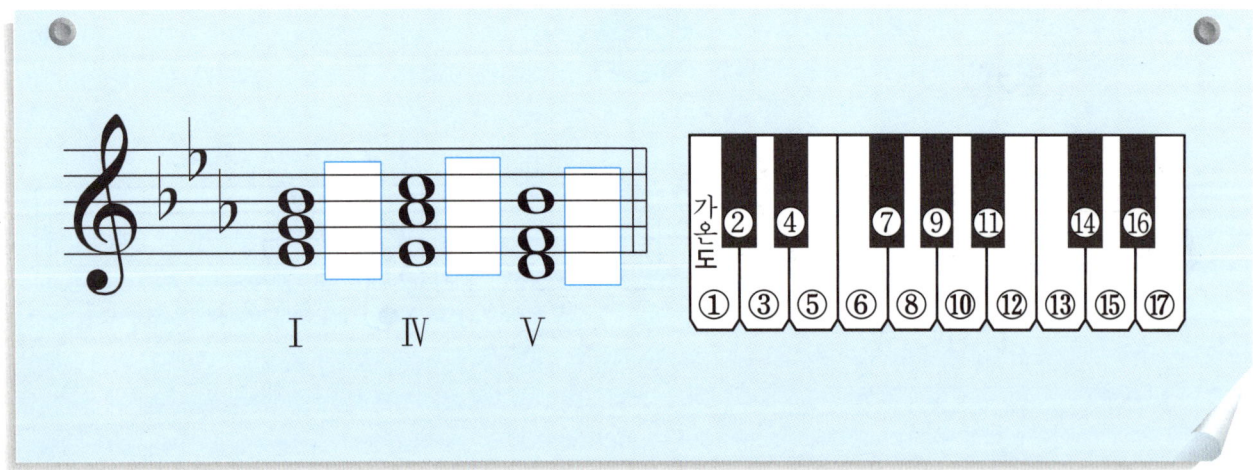

46

월 ⬜ 일

 다음은 **바장조**입니다. **고정도법**으로 계이름을 쓰세요.

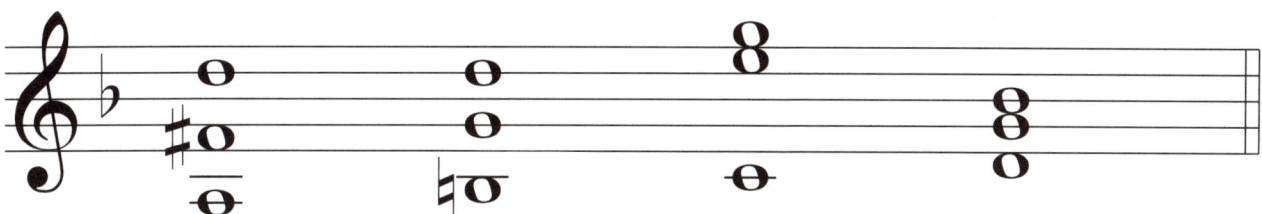

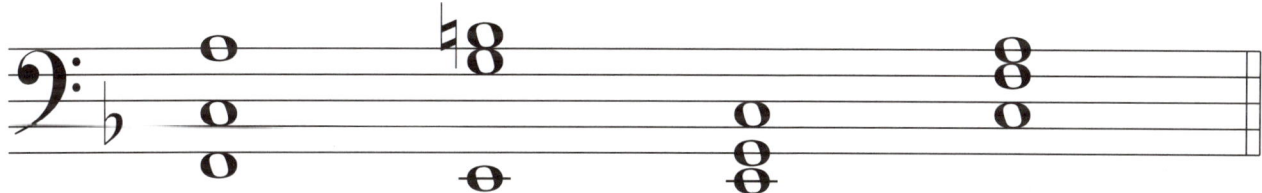

 **바장조**의 주요 3화음 밑에 맞는 **화음 기호**를 쓰세요.

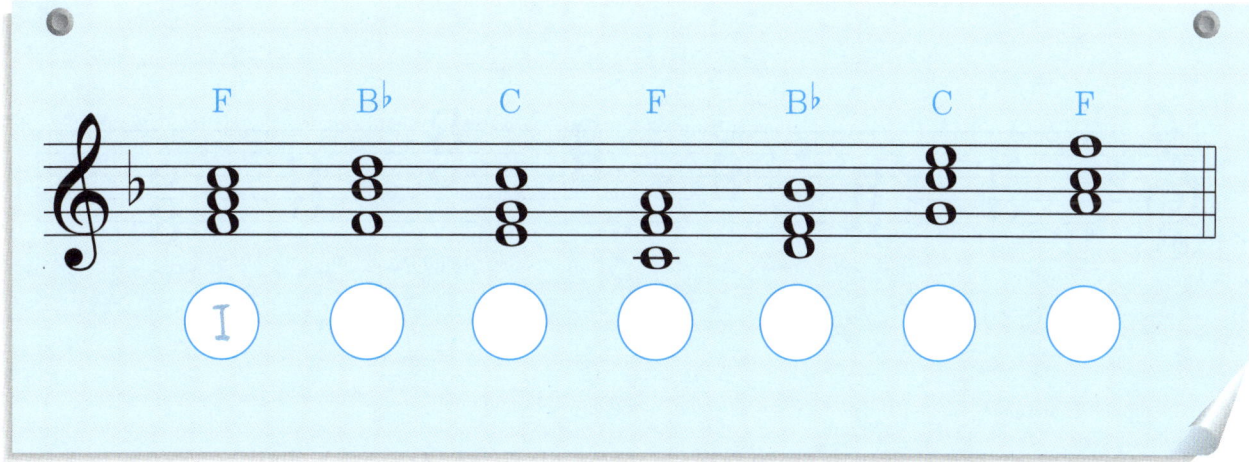

47

 다음은 **내림나장조**입니다. **고정도법**으로 계이름을 쓰세요.

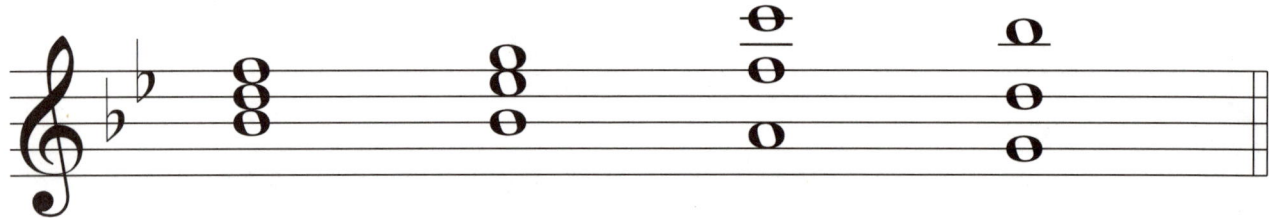

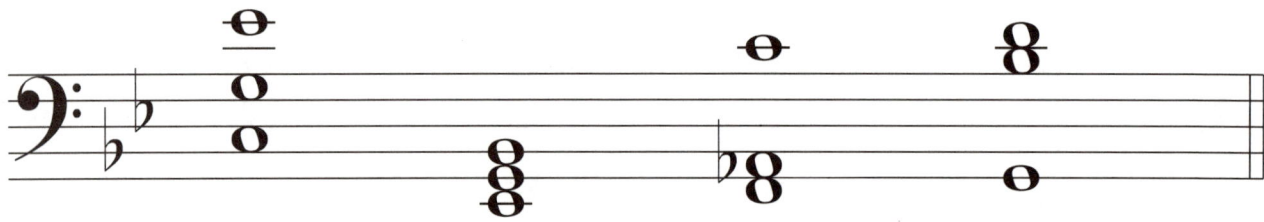

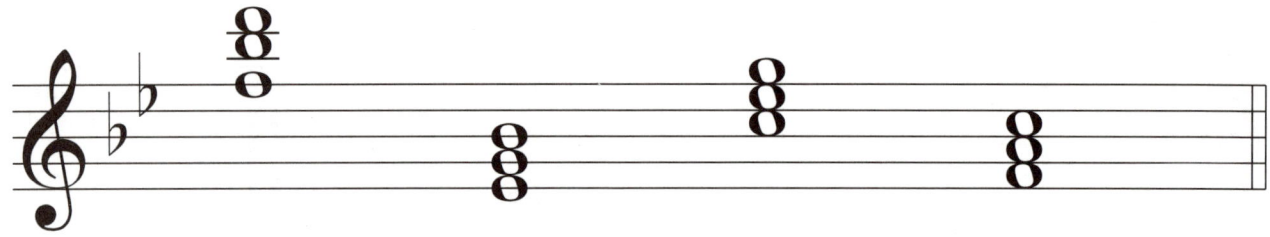

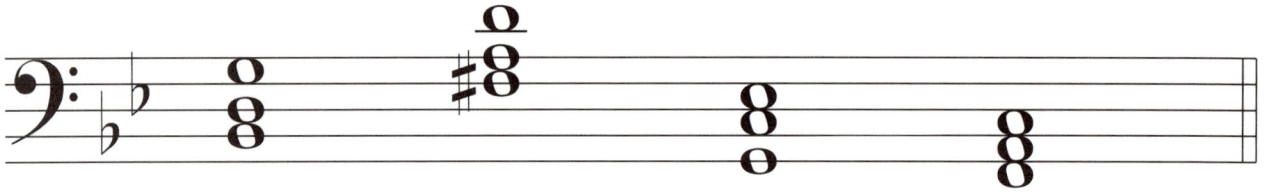

 **내림나장조**의 주요 3화음 밑에 맞는 **화음 기호**를 쓰세요.

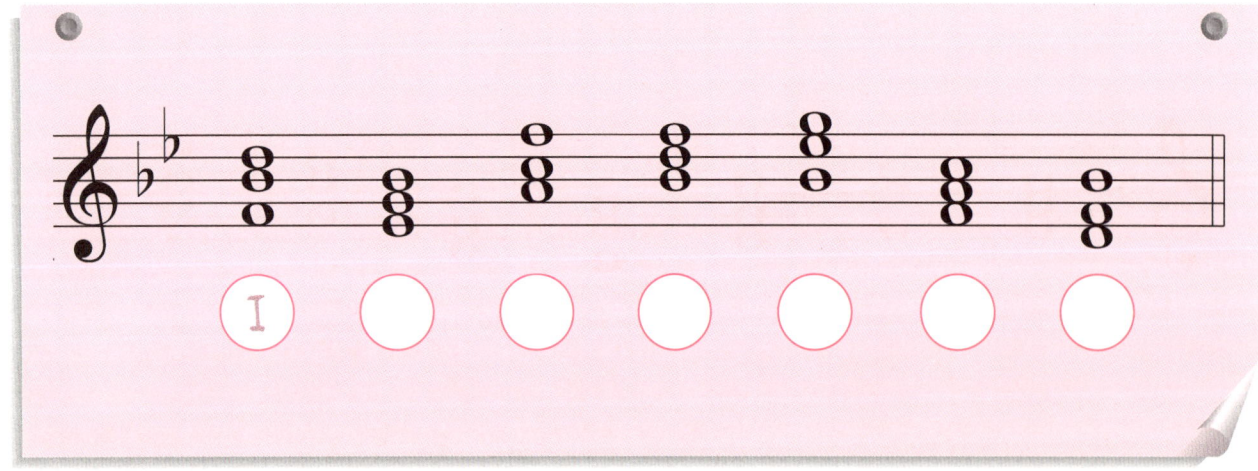

48

 다음은 **내림마장조**입니다. **고정도법**으로 계이름을 쓰세요.

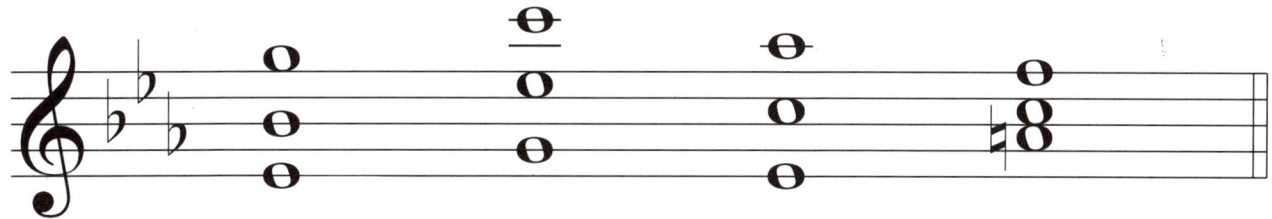

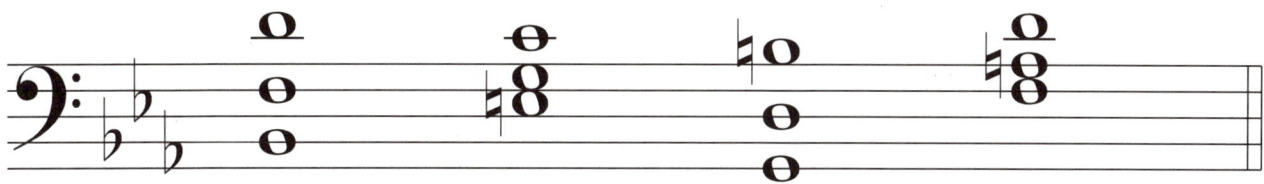

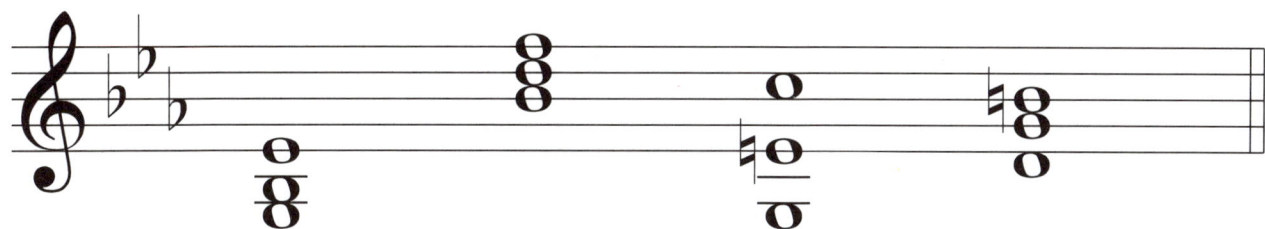

 **내림마장조**의 주요 3화음 밑에 맞는 **화음 기호**를 쓰세요.

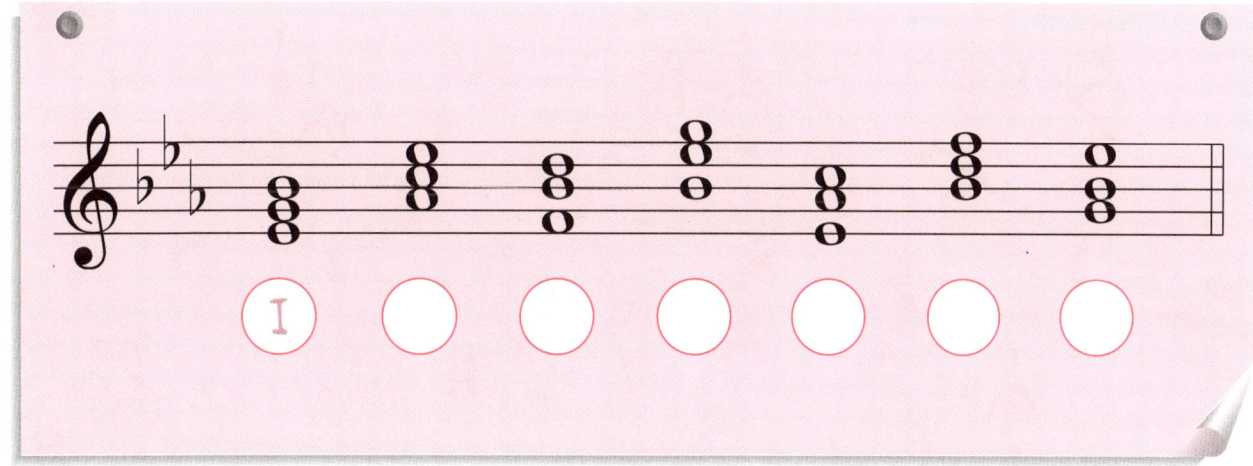

49

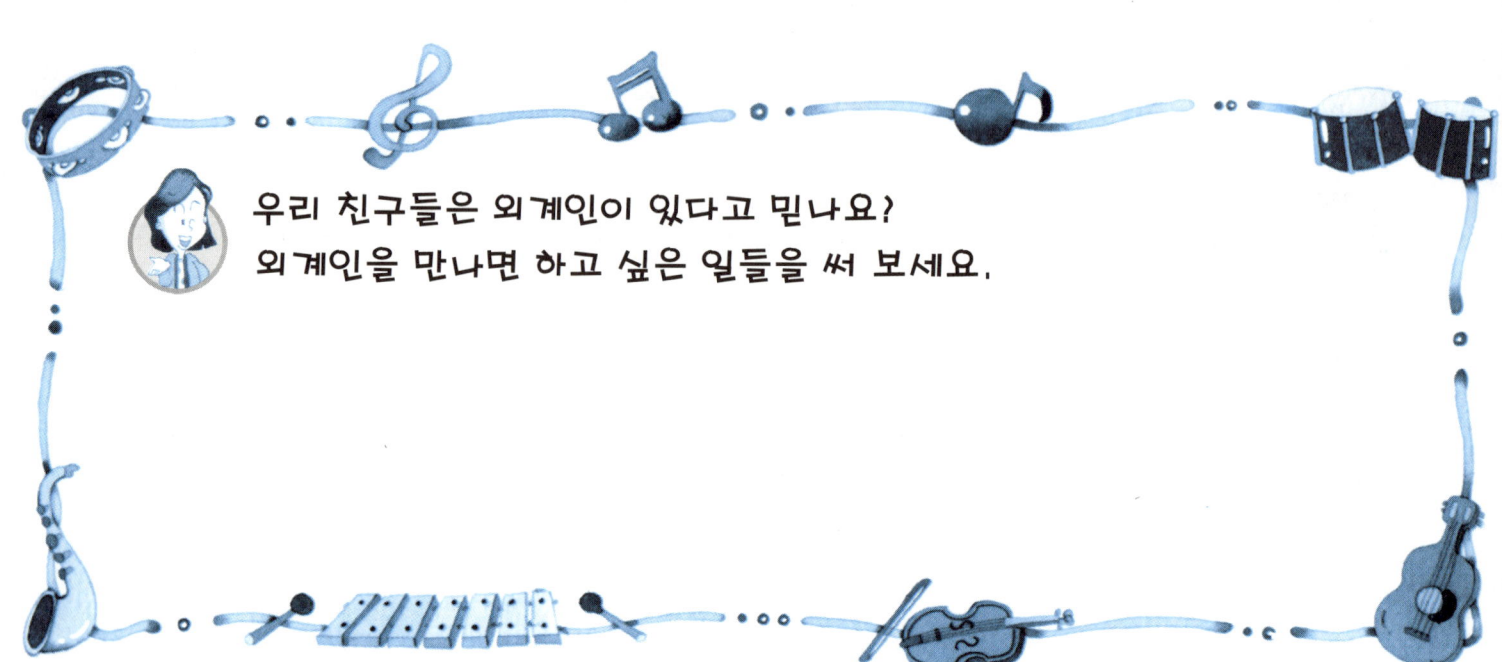

우리 친구들은 외계인이 있다고 믿나요?
외계인을 만나면 하고 싶은 일들을 써 보세요.

큰 비행선에 쓰여진 조이름에 맞게 작은 비행선들을 줄로 연결해 보세요.
또, 작은 비행선 안의 3화음에 맞게 ⬭안에 화음 기호를 써 넣으세요.

 다음은 **다장조**입니다. 음표 옆에 계이름을 쓰세요.

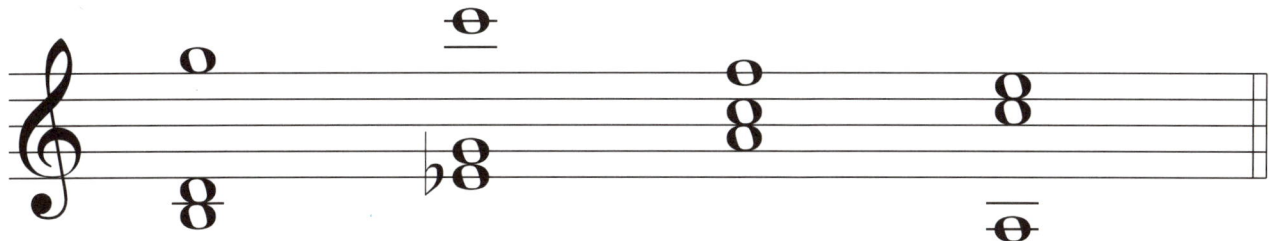

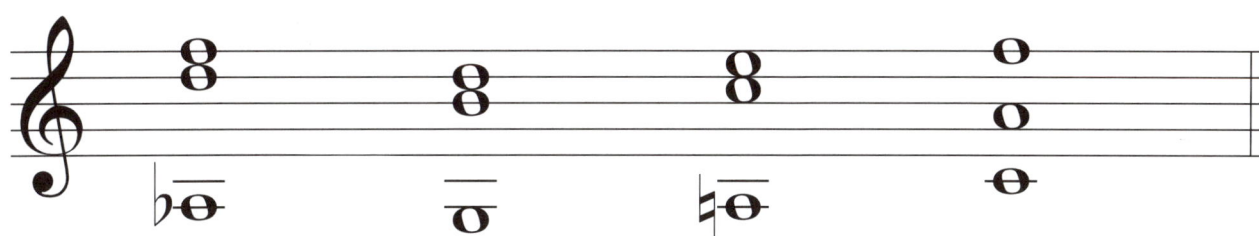

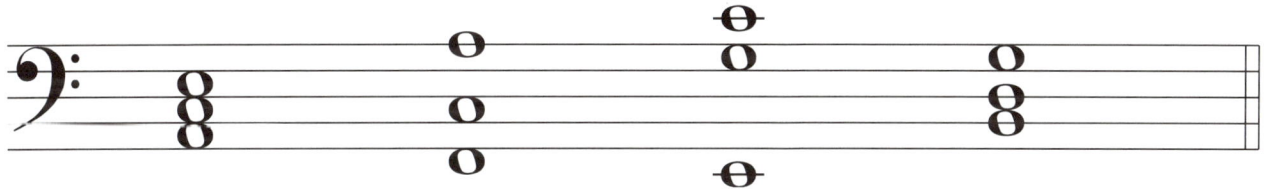

 다음 **음계**와 **음계 이름**이 맞게 줄로 이으세요.

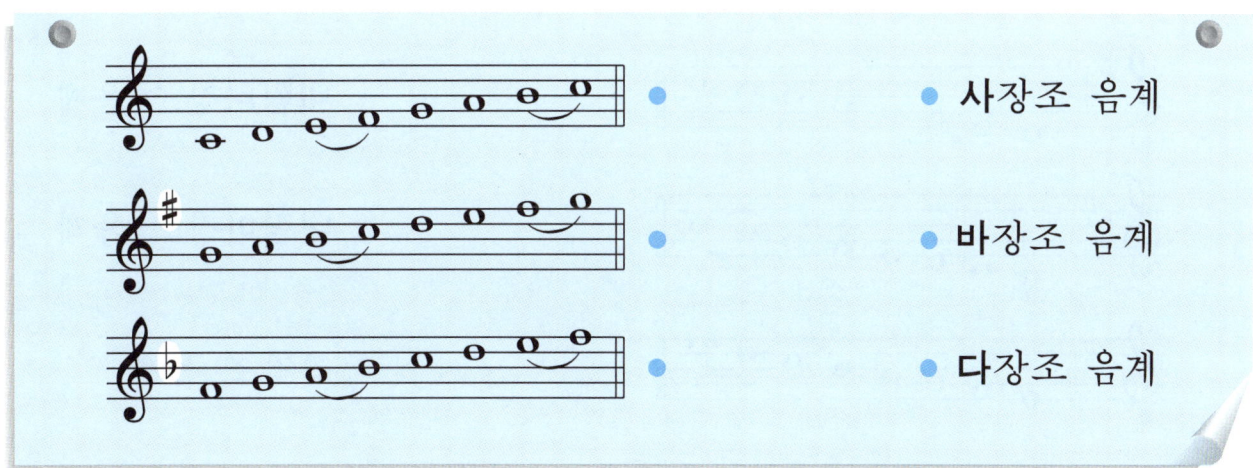

사장조 음계

바장조 음계

다장조 음계

 다음은 **사장조**입니다. **고정도법**으로 계이름을 쓰세요.

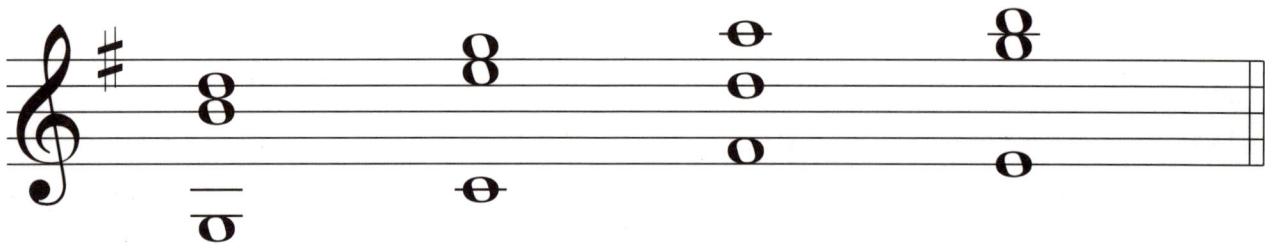

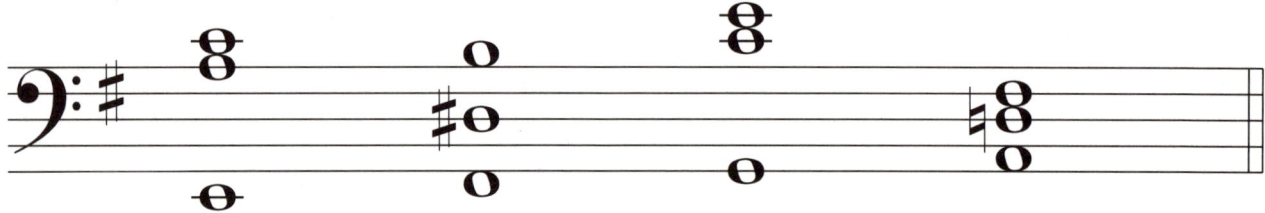

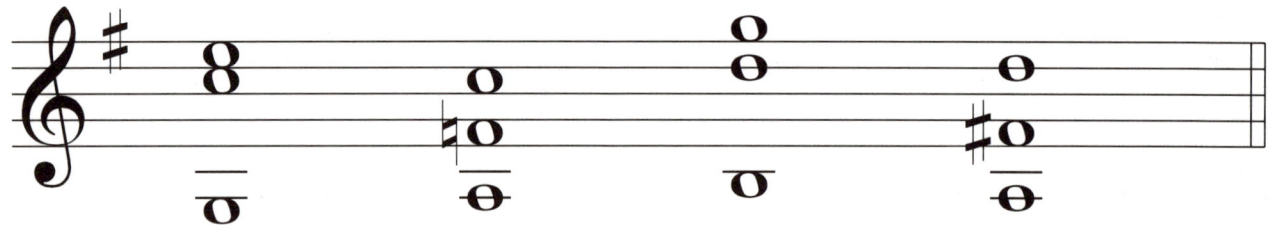

 다음 **음계**와 **음계 이름**이 맞게 줄로 이으세요.

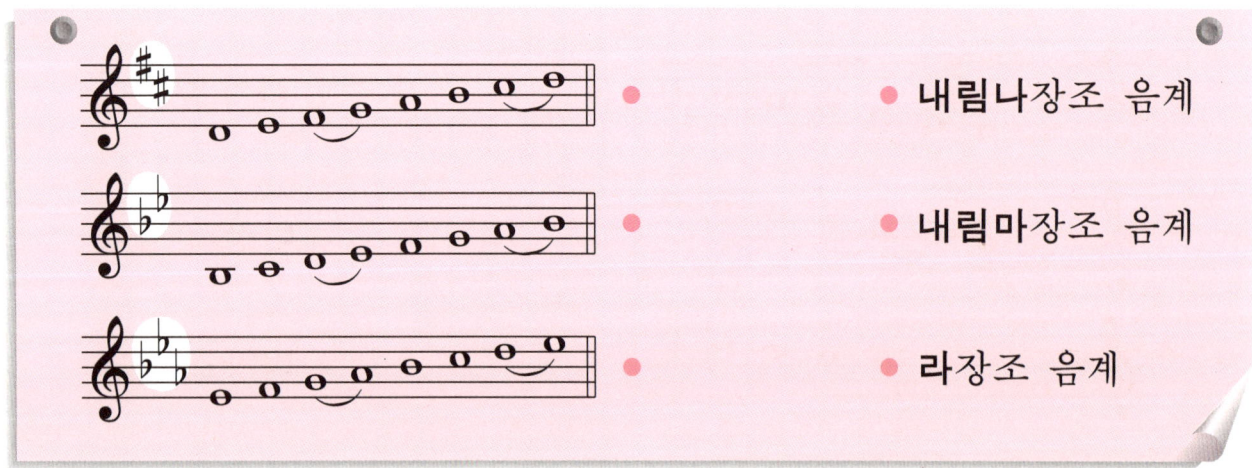

 다음은 **라장조**입니다. **고정도법**으로 계이름을 쓰세요.

 다음 **음계**와 **음계 이름**이 맞게 줄로 이으세요.

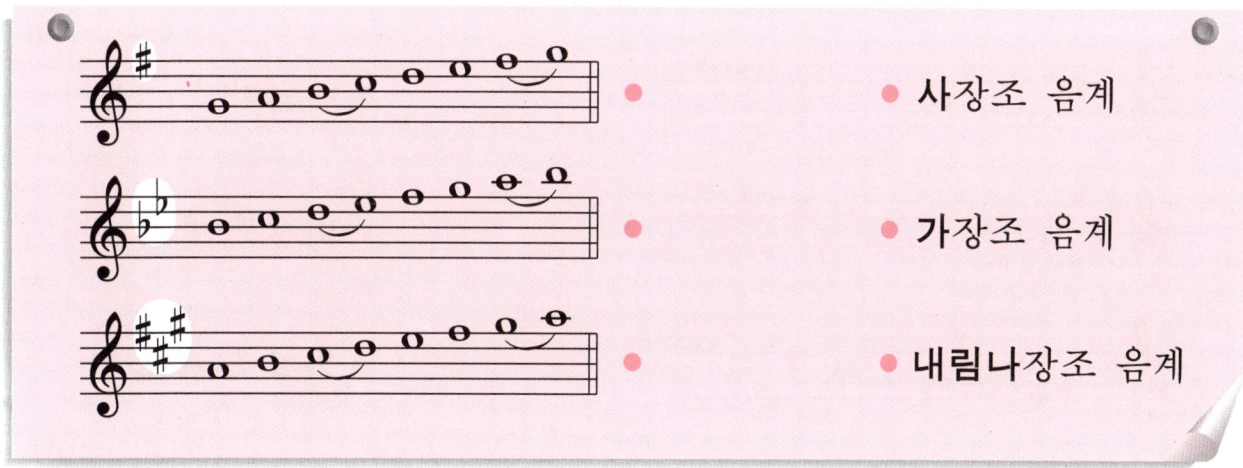

사장조 음계

가장조 음계

내림나장조 음계

 다음은 **가장조**입니다. **고정도법**으로 계이름을 쓰세요.

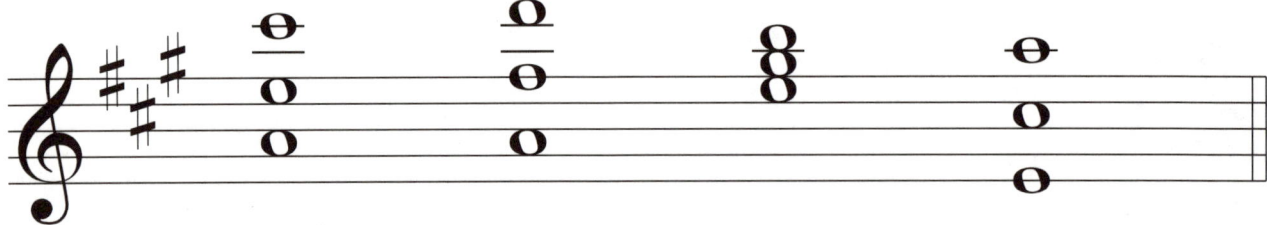

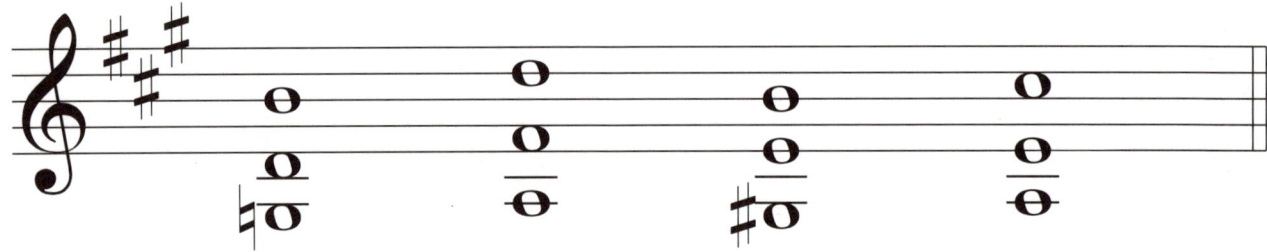

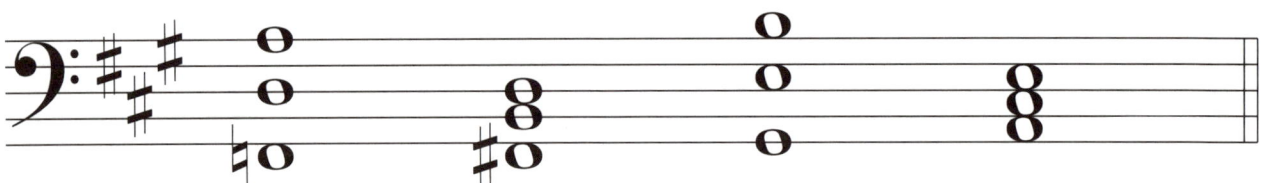

 다음 **음계**와 **음계 이름**이 맞게 줄로 이으세요.

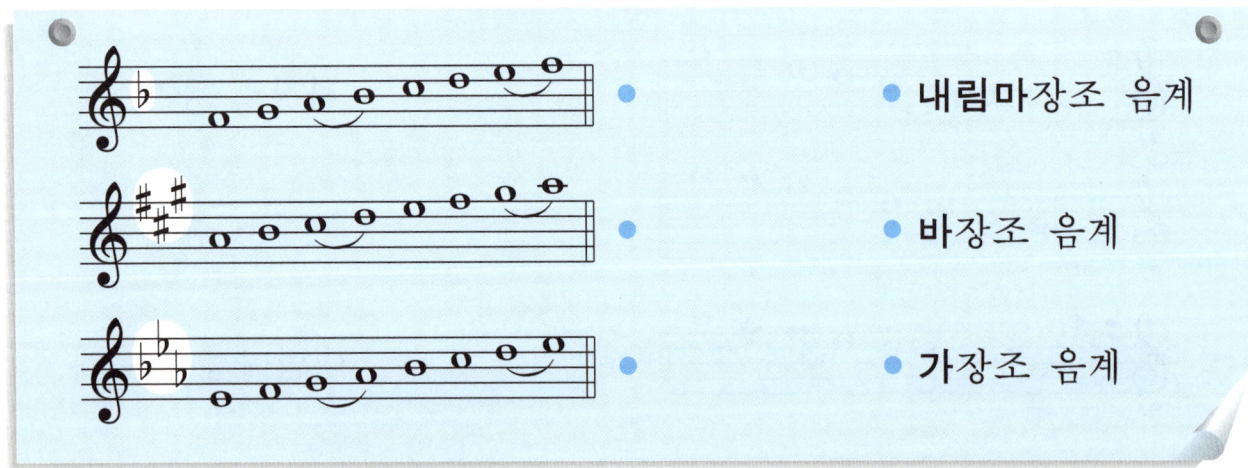

• 내림마장조 음계

• 바장조 음계

• 가장조 음계

 다음은 **다장조**입니다. 음표 옆에 계이름을 쓰세요.

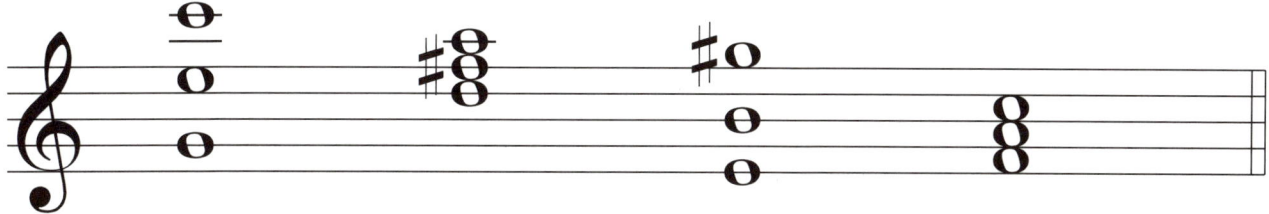

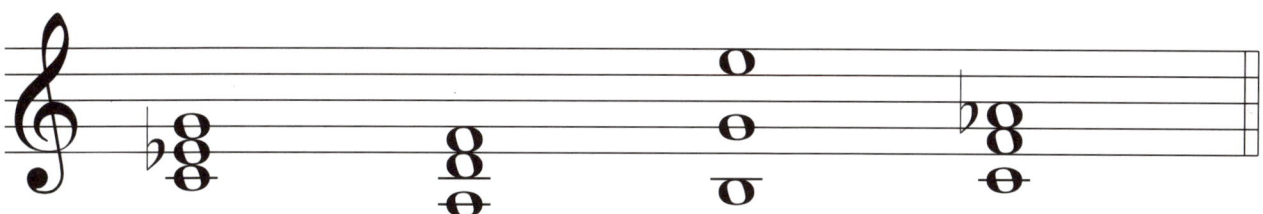

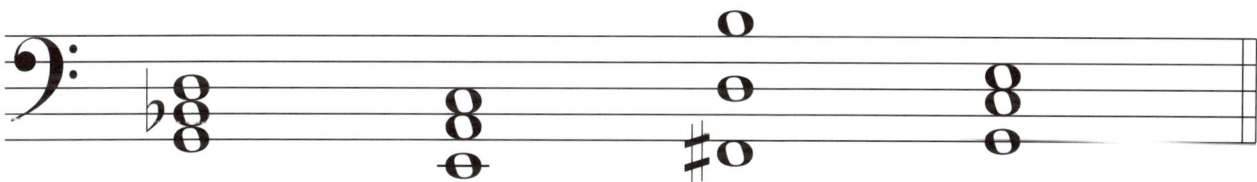

 다음 **음계**와 **음계 이름**이 맞게 줄로 이으세요.

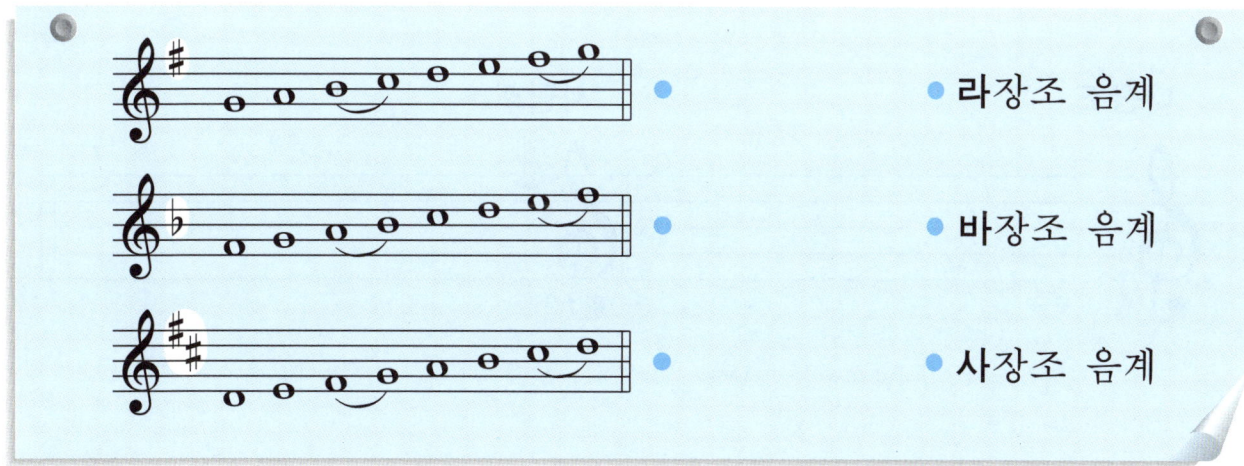

라장조 음계

바장조 음계

사장조 음계

 다음은 **다장조**입니다. 음표 옆에 계이름을 쓰세요.

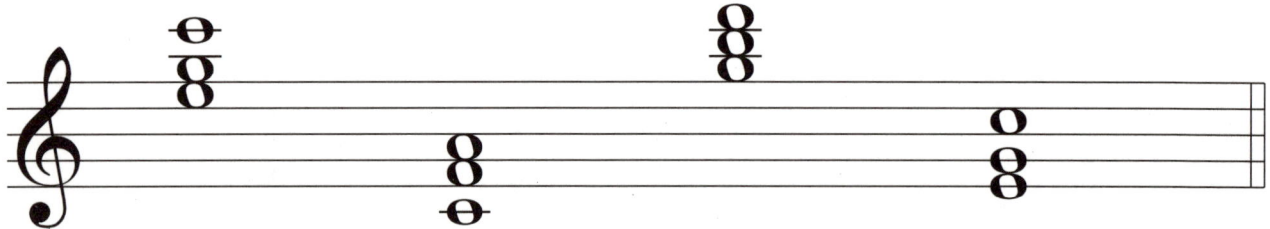

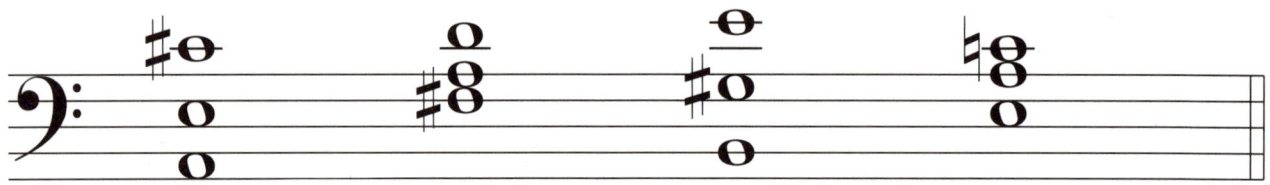

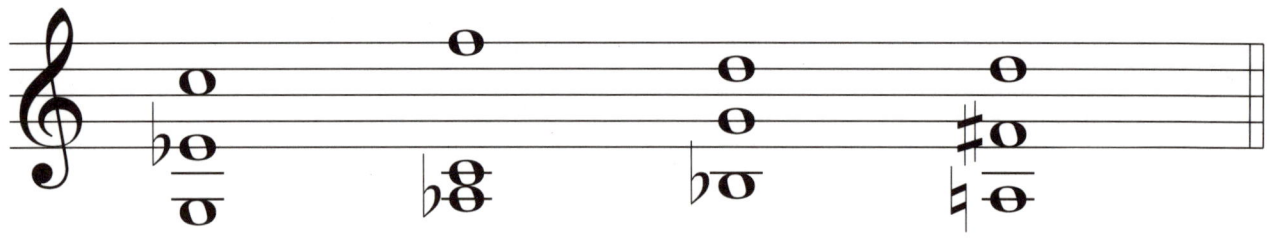

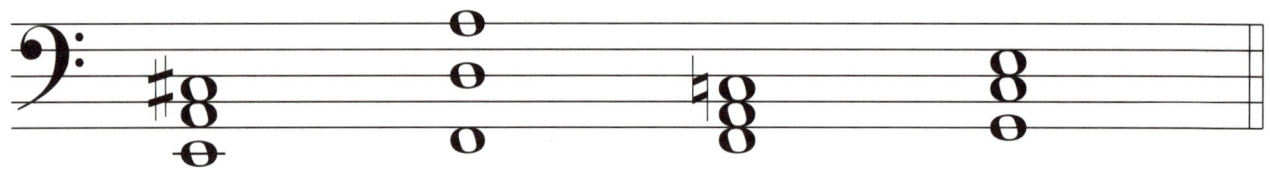

 다음 장조의 **주요 3화음**을 그리세요.

 다음은 **바장조**입니다. **고정도법**으로 계이름을 쓰세요.

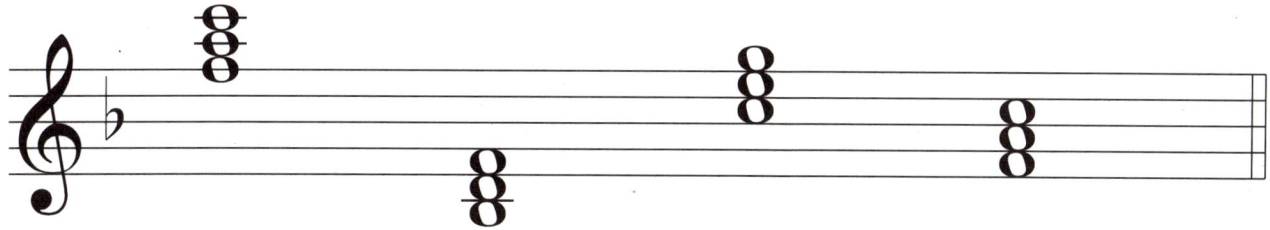

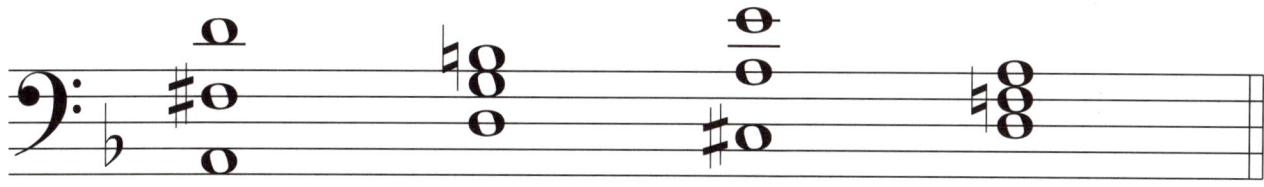

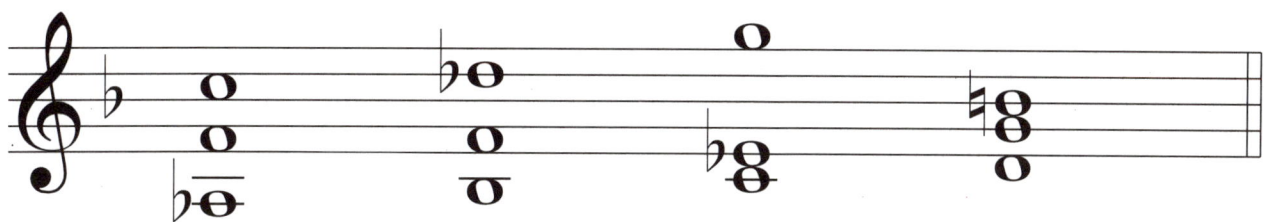

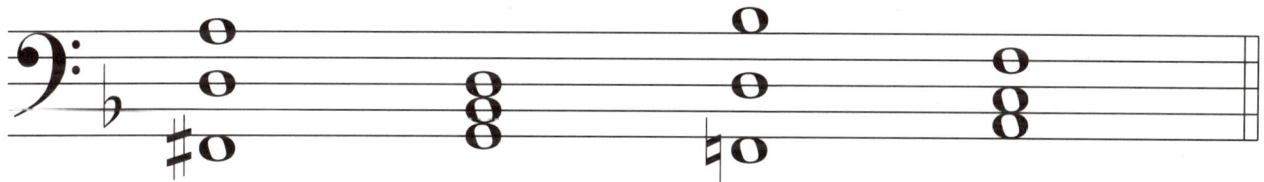

 다음 장조의 **주요 3화음**을 그리세요.

 다음은 **내림나장조**입니다. **고정도법**으로 계이름을 쓰세요.

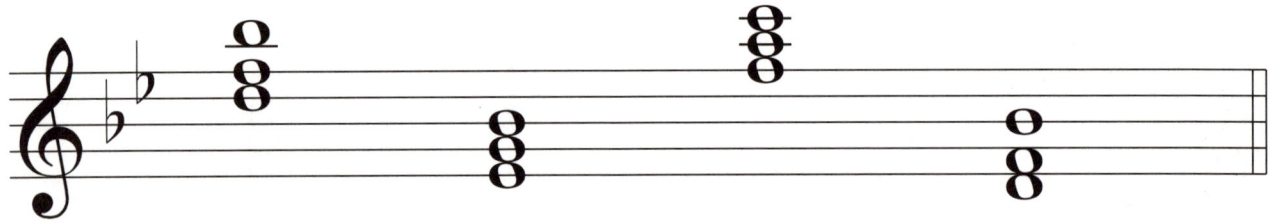

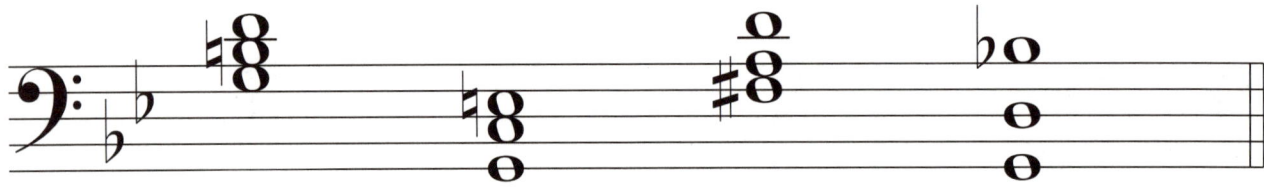

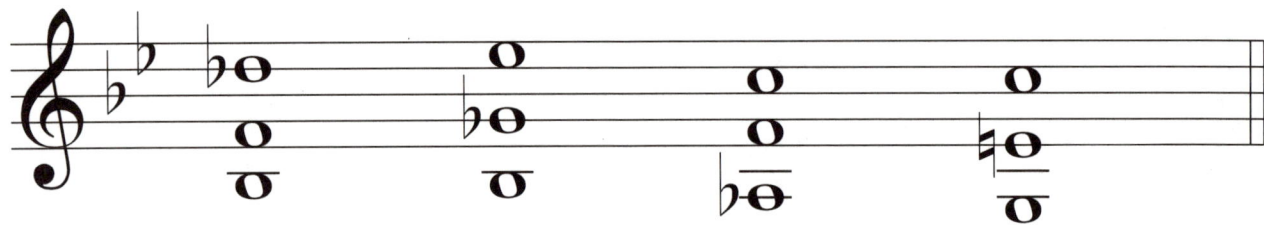

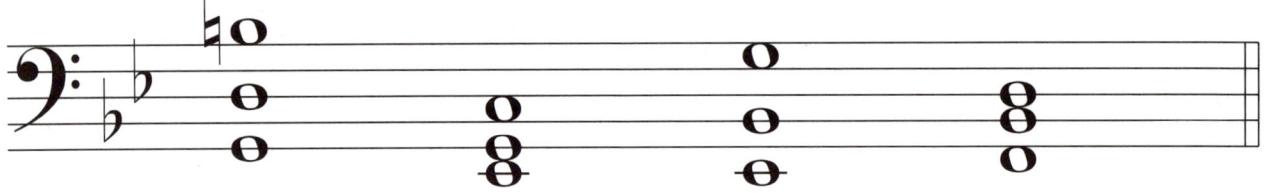

 다음 장조의 **주요 3화음**을 그리세요.

 다음은 **내림마장조**입니다. **고정도법**으로 계이름을 쓰세요.

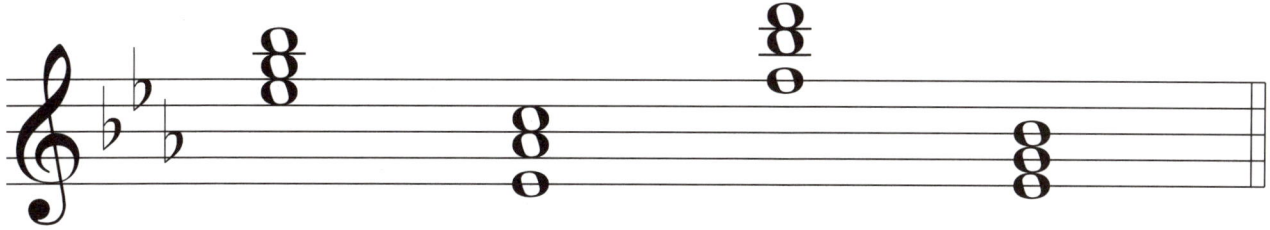

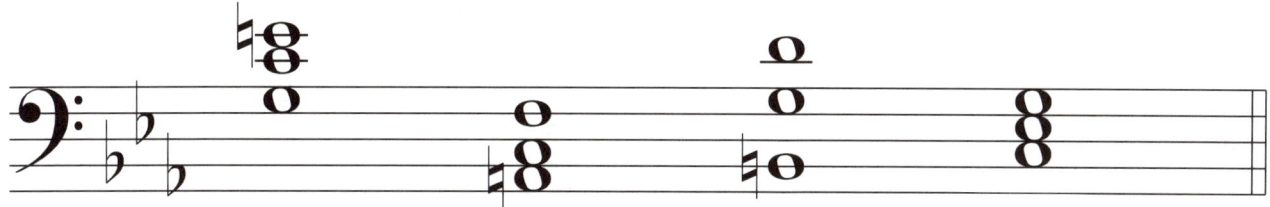

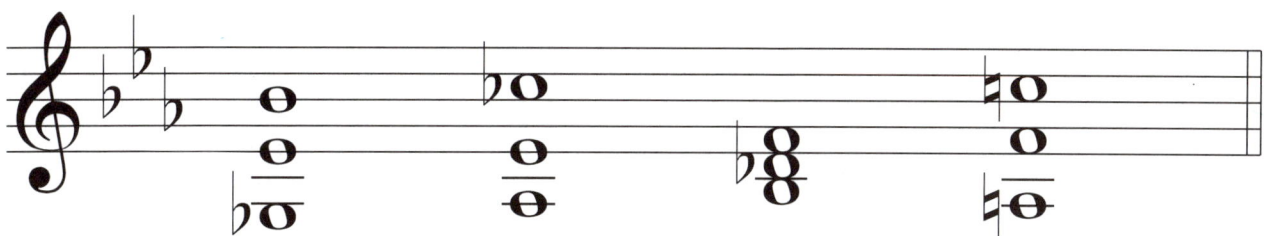

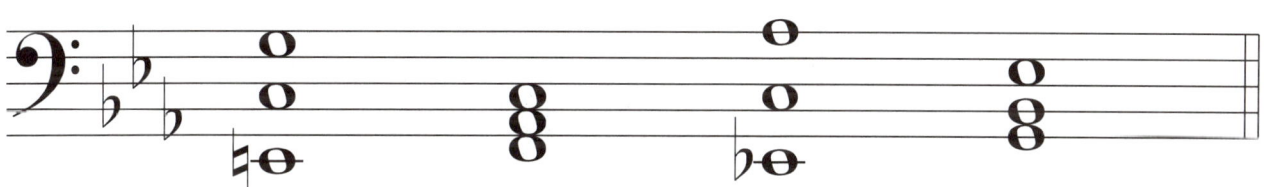

 다음 장조의 **주요 3화음**을 그리세요.

내림나장조

내림마장조

I IV V

I IV V

 다음은 **다장조**입니다. 음표 옆에 계이름을 쓰세요.

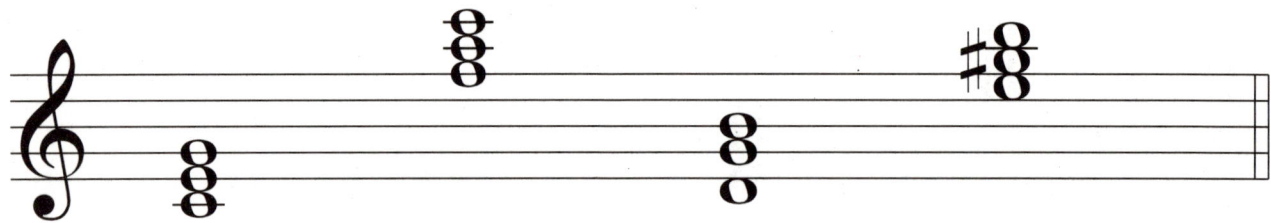

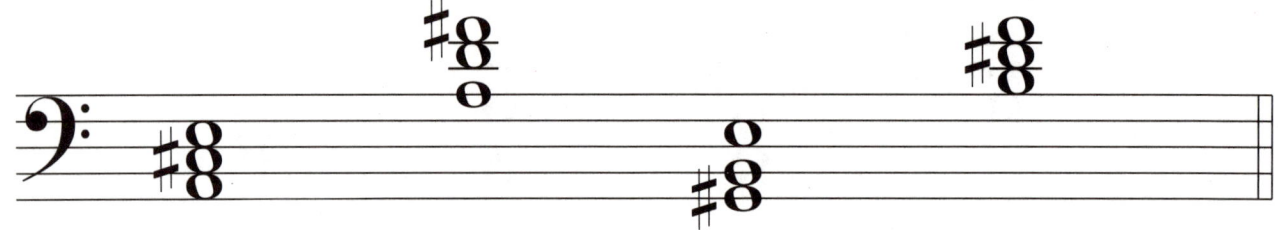

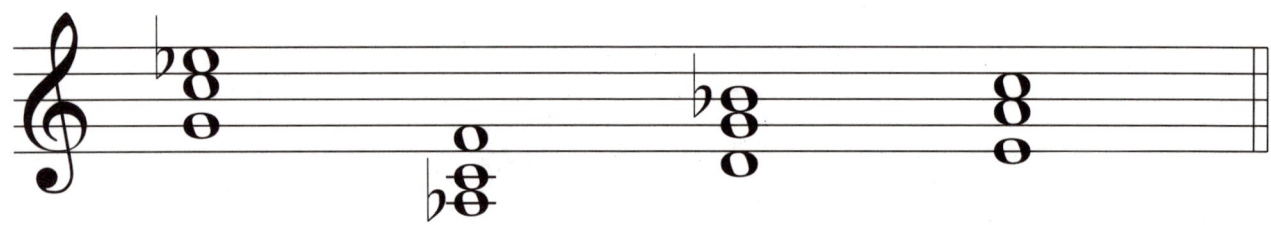

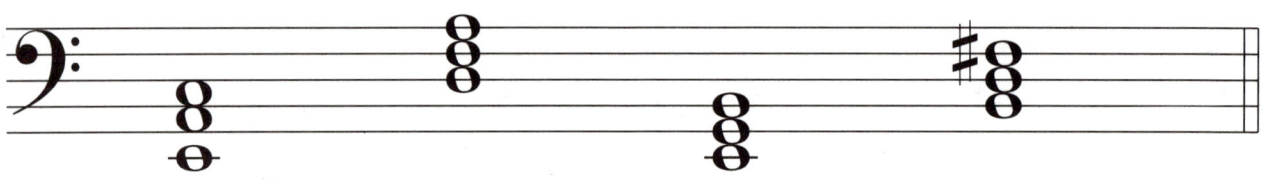

 다음 장조의 **주요 3화음**을 그리세요.

P.5
① 라시도#레미파#솔#라 / 도레미#파솔라시도
② 라솔#파#미레도#시라 / 도시라 솔파미레도
③ 라시솔#도#파#레#미미 / 도레시미 라 파솔솔

P.7
① 라시도#레미파#솔#라 / 도레미 파솔라시도
② 라솔#파#미 레도#시라 / 도시라 솔파미레도
③ 미파#레솔#도#라시시 / 솔라 파시미 도레레

P.8
① 미 파# 시 도# 레 / 라 도 솔 레 시#
② 미 레 도 시 라 / 솔 라 파 레 미#
③ 솔 레 파 시 레 / 솔 라 미 레 도#
④ 도 파# 레 솔 / 파# 미 솔 라 시

P.9
① 미 라 도# 라 / 도 미 도 미 / 라 도 레 미
② 라 레 파# 라 / 파# 라 파# 라 / 레 파 레 레
③ 시 미 솔# 시 / 솔 시 미 솔# / 미 시 미
④ 미 파# 미 시 / 도 레 라 라 / 라 솔 레

⑤ 17 15 12 / 14 10 9 / 10 7 5

P.13
① 미♭파솔라#시♭도 레 미 / 도 레미파 솔 라시도
② 미♭레도시♭라#솔파미 / 도 시라솔 파 미레도
③ 도레시♭미♭라 파 솔 솔 / 라시솔 도 파 레미미

P.15
① 미♭파솔라#시♭도레 미♭ / 도 레미파 솔 라시도
② 미♭레도시♭라#솔 파 미 / 도 시라솔 파 미레도
③ 미♭파레솔도 라#시#시 / 도 레시미라파 솔 솔

P.16
① 시♭ 도 레 솔 라 / 미♭ 레 도 시♭ 라
② 라 시♭ 도 레 미♭ / 미♭ 레 솔 파# 도
③ 파# 솔 라 미♭ 시 / 레 도 시 라 솔
④ 솔 파 미♭ 레 파#/ 미 파 라 시

P.17
① 시♭ 미♭ 솔 시♭ / 솔 시♭ 미♭ 솔 / 미 시♭ 미
② 미♭ 라 시♭ 도 / 도 미 도 라 / 도 라 도 라
③ 파# 시# 파# 레 / 파 레 파# 솔 / 파 시#
④ 미♭ 시 도 파# / 파# 솔 / 솔 미♭ 미♭

P.20
① 미도 라도 솔레시 / 솔미도 / 솔파 시파 레시
② 도미 도라 솔레시 / 시레솔 도미 / 솔 미도파 라파도
③ 도미 도파 레솔 / 라파도 / 솔레시 시파솔
④ 솔미 라라 솔레 / 파도 / 도파

P.21
① 도미 파도라 솔미도 / 솔 라파도 도미도
② 라파레 라파도 파시솔 / 레라도
③ 레파도 파#레라 도미도 / 라파도 시파솔 레솔시
④ 미도라 미파라 시미도 / 레라

P.22
① 솔시레 도솔미 도파라 / 라미도
② 라도파 미도라 시레솔 / 도미라
③ 레파라 레파레 시레솔 / 도파라
④ 도미라 도미라 / 솔#미도파

P.23
① 시미솔 솔레도 파#레라 / 솔레시
② 시레솔 미솔도 레파라 / 시레솔
③ 레파라 시레솔 도미솔 / 레시솔
④ 레솔시 도미라 레시솔

P.24
① 시레솔 도미라 레솔시 / 레솔시
② 도미솔 미솔도 파라레 / 레솔시
③ 도라미 파#레도 솔시미 / 레라파
④ 시미솔 솔도미 미도솔

P.25
① 시레솔 미도솔 파라레

P.26
② 도미솔 라파도 솔레시 / 솔미도
③ 라파 레시도 미솔도 / 라레파도
④ 라레파 레솔라 도미라 / 라파레
⑤ 12 17 15 / 8 13 10 / 3 8 7

P.27
① 파#레라 시솔미 라레파 / 파레라 도시레 라미도
② 솔레시 미미도 라레파 / 시파솔 시파솔 레시솔
③ 솔레시 미도라 라레파 / 시파솔 파#레라 시레솔
④ 레라파 도미라 레라파

P.28
① 레시파 솔레시 시미솔 / 도라미 레라파 미미도 라레파
② 솔레시 도라미 파레시 / 시파솔 솔레미 솔미도
③ 레시파 미도 라미도 / 솔레미 파레시 레도라
④ 레솔시 레라파 도미솔 / 시파미 솔레미 도라파
⑤ 10 12 10 / 7 8 5 / 3 3 2

P.30
① 미도파# 파#레라 시미솔 / 도미라
② 레라파 도라미 파#레라 / 미미도
③ 레솔시 도라미 시파솔 / 파라레
④ 레솔시 도라미 솔레시 / 미파라

P.31
① 도파# 라도파 솔시미 / 라솔레
② 레라파 미미도 파솔라 / 도미시

P.32
③ 도레미#시미 미라도#레 / 레파#솔 라라도미
④ 라레솔시 라파#레미 / 레파 레시미 파

P.32
① 미 라레파# 시미 솔 / 도미라 도레시 레미파# 라라도
② 도레미 라레파# 미라도 / 미파라 도시레 라솔레
③ 도레미 미파솔 라미도 / 파#레라 도시레 솔시미
④ 미도라 미라레 레솔시 / 레파# 라라도

⑤ 17 15 12 / 14 10 9 / 10 7 5

P.33
① 도미솔 도파라 시솔레 / 솔도미
② 시레파 미라도 미시솔 / 레도파
③ 도미라 레도파 미솔레 / 라파도
④ 미도솔 파라레 라레파 / 솔도미
⑤ I IV V I IV V I

P.34
① 레시솔 솔레도 라파미 / 시솔레미
② 시레솔 라도파 도미레 / 미솔도
③ 시레솔 도파라 미레파 / 레솔시
④ 시레솔 도솔미 라레파 / 레솔시
⑤ I IV V I IV V I

P.35
① 라레파# 시솔레 시미솔 / 도라미
② 레라파 레시솔 라레파 / 미솔도
③ 라파도 시레솔 도미라 / 레파#라
④ 솔시미 도솔레 라레파 / 라도파
⑤ I IV V I IV V

P.36
① 도레미 라파도 시솔레 / 시레솔 미솔
② 레파# 미솔도 레파솔 / 레도라 미레파
③ 미시솔 도미라 레파#라 / 파#레 솔시

P.38
① 도라파 / 레시파도 / 솔도미 / 도파라라 솔미도
② 라파라도 / 시파시파레 / 레파레파시 / 파라라도
③ 도파라 / 레레파시레 / 솔미도 / 라라도시레파
④ 라라도파 / 파라시레파 / 솔미도 / 도라라도
⑤ Ⅰ Ⅳ Ⅰ Ⅳ Ⅴ

P.39
① 도파라라 / 시레파 / 솔도미 / 라레미
② 레솔시 / 라라파레 / 도미솔도 / 파라파레
③ 레♯파시 / 파레라시 / 미솔도 / ♯파레
④ ♯파레라 / 시♯파레 / 솔파도라 / 미솔

P.40
① 도솔미 / 도파라라 / 솔도미 / 시레♯파솔
② 미솔도 / 파라도 / 도미솔도 / 레레솔라
③ ♯파라레 / 레파레시 / 솔미도 / 미도♯파라
④ 미도라 / 라파레솔시 / 파도라 / 도파라
⑤ 10 6 1 / 11 6 3 / 13 8 5

P.41
① 파레시♭ / 솔미레미 / 파도라 / 파시레♭파
② 레시♭파 / 미솔미 / 도라파시 / 파시레파
③ 레파시 / 솔미시 / 파라파 / 도라파시레
④ 시♭레파 / 시♭시♭미 / ♯파도라 / 파시레

P.42
① 파레시♭ / 미♯시솔 / 도라파♯ / 레시♭
② 레시♭파 / 레시♭솔 / ♯파라도 / 파라시파
③ 레파시 / 솔미시 / 솔도미♭ / 레파시♭
④ 레시♭솔 / 미레시 / 솔미도 / 레라파

P.43
① 미시♭솔 / 미시♭솔 / 도솔미 / 도라파
② / / 파시♭솔 / 미시♭솔 / 레라파

P.44
① 미♯도라 / 도라미 / 레시♭파레 / 미♯시솔라파
② 미솔시♭ / 도라미 / 파레♯파레 / 솔미시♭시♭솔
③ 시♯미솔 / 미♯도미 / 레시♭솔도 / 시♭시♭미솔
④ 솔시♭미 / 도라미 / 솔도라파 / 솔시♭미솔

P.45
① 시♭솔미 / 도파레미♭ / 시♭레파 / 솔미♭레도
② 미♭도 / 레시솔 / 미♭도파 / 라도파라
③ 시♯미솔 / 레시솔 / 파시♭레 / 시레♯파라
④ 솔시♭미 / 도파도라 / ♯파라도 / 도라레파

P.46
① 라미♭도 / 라레파 / 시♭솔미 / 도미라
② 미♭도레 / 파레솔시 / 미♭도시♭ / 미파도
③ 파라레 / 라파시 / 솔미시♭솔 / 레라도미♭
④ 솔라도파 / 솔라도파 / 라도파 / 시♭미♭라
⑤ 11 8 4 / 13 9 4 / 11 6 3

P.47
① 도파라도 / 시♭레파도 / 라파레 / 솔도미
② 라파도라 / 미파도미 / 파도라 / 미♭도솔미
③ 레♯파라 / 솔레시파 / 라시♭솔 / 미♭도솔미♭
④ 라라도파 / 시시♭솔 / 라도솔레 / 시♭미미♭도
⑤ Ⅰ Ⅴ Ⅴ Ⅰ Ⅴ Ⅴ Ⅰ

P.48
① 파레시♭ / 솔미레 / 도파라 / 시레솔
② 레시♭미솔 / 미시♭시♭솔 / 시♭시♭솔미 / 레솔레파

P.49
① 솔시♭미 / 도미라 / 라도미♭ / 파도라레
② 레파시♭ / 레파도 / 시♭솔미 / 미솔레시
③ 미♯시솔 / 시♭레파 / 파레시♭ / 미♭시♭솔
④ 라시♭파 / 라시♭솔 / 미♭시♭솔 / 레레파
⑤ Ⅰ Ⅴ Ⅴ Ⅰ Ⅴ Ⅴ Ⅰ

P.51
① 솔레시 / 도솔미 / 파도라 / 미도라
② 도라시 / 미♯도파 / 솔레시♭ / 파레솔미
③ ♯파라 / 미도라 / 레시♭솔 / 파레시
④ 레라 / 미시♭솔 / 라도솔미 / 미도파

P.52
① 레시♭솔 / 솔미도 / 라파레 / 시♭솔미
② 미시♭솔 / 도시♭레 / 미레파 / 파레솔시
③ 미♯시♭솔 / 라파솔레 / 파라도 / 미도파
④ 파레솔 / 파시♭레시 / 라라도 / 파레

P.53
① 라레파시 / 시♭레미솔 / 도파레 / 레시♭솔
② 미파레 / 레시♭미 / 라미미 / 파레솔시
③ ♯파레시 / 라솔미 / 시♭라파 / 레레
④ 라라시 / 시♭시♭솔 / 도레미 / 시레

P.54
① 도미라 / 레파시 / 시솔미 / 라도미
② 미라 / 파라레 / 시♭미 / 파시♭레
③ 레파시 / 레시♭미 / 시솔도 / 레미♭도
④ 라솔 / 미솔 / 파라레 / 라파

P.55 ① 도미솔미레시솔미도 / 레시솔미레미파 / 솔시♭레미시파도 / 도라파라시도미도
② 파레미파레 / 레미파시레 / 미라시시레파 / 도파시도
③ 솔미도레시솔 / 파레♯파도라 / 미♭시레라파 / 레시도라미
④ 도레시솔 / 레시도라파 / 시레♯파라레 / 라라미

P.56
① 도솔미 / 라레파 / 레시♭레 / 도파라레도라
② 도미레 / 레솔미 / 파도시♭솔미 / 미♭도솔
③ 레파미 / 파레도 / ♭시레라파 / 미♭도라파
④ 도미레 / 도라파 / 라라미파 / 라레파

P.57
① 도라파 / 파레시 / 솔미도 / 도라파라미라레파
② 라파레파 / 시시♭솔레 / 레레시파 / 미시♭솔
③ 라도미파 / 도미파 / 솔레♭레파 / 시♭미미
④ 라라파 / 라라레파 / 시♭미♭솔 / 라레파

P.58
① 시♭파레 / 도라파 / 미♭도솔 / 시♭파레레시♭
② 레시♭솔미 / 미레파시 / 미♭시♭레 / 레시♭파
③ 라파시 / 솔레미 / 솔미♭솔 / 시레♯파♯파
④ 시♭시레 / 레파도 / 시♭미♭시♭ / 라도솔

P.59
① 시솔미 / 도라미 / 레시♭솔 / 시♭솔미시
② 미도솔 / 미파레 / 시솔미파 / 도솔미도
③ 시♭미♭솔 / 시레파 / 미♭도레 / 미도솔시♭
④ 솔라솔 / 도라레 / 레미라파 / 라레파

P.60
① 솔미♭도 / 도라미♭ / 시♭솔레파 / 시솔미
② 미♭도 / 미♭도파 / 레레파라 / 미시♭솔
③ 미♭도솔 / 미파레 / 시♭도라라 / 레라파
④ 솔미도 / 도라파 / / 레미

"야! 신난다.
벌써 다했다!"

"축하한다! ....야,

어려웠던 중급편을 잘 마쳤으니까,
다음 고급편에서도
잘 할 수 있을 거야.

화이팅!"

.............년 ....월 ....일

지도 선생님 ....

음악이론과함께하는
세광 계이름공부

9 중급편

세광 계이름 공부 ⑨ 나순희 저

발행인 박현수
발행처 세광음악출판사 | 서울특별시 구로구 벚꽃로76길 27
　　　　 Tel. 02)714-0048, 50(내용 문의) Fax. 02)719-2656
　　　　 http://www.sekwangmall.co.kr
공급처 (주)세광아트 Tel. 02)719-2652 Fax. 02)719-2191

등록번호 제 3-962호(1997. 1. 20)　　　　**인쇄일** 2025. 6
ISBN 978-89-03-01609-0 93670